新装版

霊園から見た近代日本

浦辺登
Urabe Noboru

◉弦書房

〈カバー表・写真〉

フルベッキ（一八三〇〜九八）の墓。

幕末、長崎で大隈重信、副島種臣らに英語を教える。この墓所は、東京・青山霊園外人墓地。


〈カバー裏・写真〉

高場乱像。明治の福岡・興志塾で、玄洋社の頭山満、箱田六輔らを育てた。この像は、博多・崇福寺の玄洋社墓地に立つ。作者は人形作家（福岡県無形文化財保持者）の中村信喬氏。


〈本扉・写真〉

東京・久我山稲荷神社に立つ「人心同」の碑。日本に亡命した金玉均が書いたとされる。

目次

Ⅱ　内戦からアジアへ

第二章　幕末から西南戦争まで

第三章 アジアとの関わり

Ⅲ　迷信と科学……145

第四章　近代化のはざまで

第五章　日本近代化の総仕上げに向けて

はじめに

今でも太宰府天満宮の境内の一角に「定遠館《ていえいかん》」という建物が残っています。これは明治二十七年（一八九四）に起きた日本と清国（中国）との戦争において、清国から日本に譲渡された清国北洋艦隊の旗艦「定遠」の部材を使用して建てられた館です。この定遠館の門扉には真っ赤に錆ついた鉄板が使用されていますが、よく見ると日本海軍が放った砲弾が炸裂し、その痕を示す穴がいくつも残っていて、海戦の凄まじさを物語っています。現存する当時の遺物として大変珍しいものであると思います。

この定遠館を建てたのは太宰府神社（現在の太宰府天満宮）の神官でもあった小野隆助という人物ですが、残念なことに後継者を早くに失ったがために人物像を知る詳細な記録は残っていません。福岡を拠点にした自由民権運動団体玄洋社の社員でもあったのですが、玄洋社には無名であることを誇りに思う気風があり、ここでも記録の多くを残していないことから詳しく知ることはできません。時折、歴史書の中にこの玄洋社や玄洋社の看板ともいうべき頭山満の名前が散見されますが、「右翼」という固定的な言葉でしか語られず、欧米列強に抗い、アジアの植民地解放を支援した団体という記述を目にすることは皆無です。

今回、その玄洋社が関わり、支援したという朝鮮開化党の金玉均《きんぎょくきん》の墓が青山霊園に有ると知り、わずかな手がかりであっても玄洋社の輪郭を知りたいと思い訪ねたのですが、導かれるように次々と玄洋社に関わりのある人々の墓所に遭遇しました。反面、それだけ日本の近代史に多くの玄洋社員が関わっていたという証拠でもあるのですが、玄洋社の手掛かりを少しでも得ることができたのは幸いでした。

若き日、東西冷戦の象徴ともいうべき「ベルリンの壁」を超えた時から、主義主張という綺麗ごとだけでは片づけられない世界があることを目の当たりにし、国家が抱える民族、資源、通貨などの問題が他国との軋轢に変化することを知りました。このことは、複雑に変化する外部の影響を日本も受けてきたことに他ならないのですが、このことは事象を一面的に論じることで日本という国を語れないのと同じように、玄洋社も「右翼」という範疇だけで評することに無理が生じるということです。

奇しくも、玄洋社と関係があった金玉均の墓所を訪ねたことから近代日本をリードしてきた人々の墓石と対面することになったのですが、それは日本がたどってきた近代化への再確認であり、現代と過去とが結びついていることの再認識でもあったのです。

小野隆助とは、小野隆助が所属した玄洋社とはなんだったのかを知りたいと思ったことから霊園や墓地を辿ることになったのですが、墓碑はそこに眠る故人との語らい、思索の場といわれています。その先人たちを訪ね歩き、幕末から近代の日本が現代にも繋がっている証として本書を楽しんでいただければと思います。

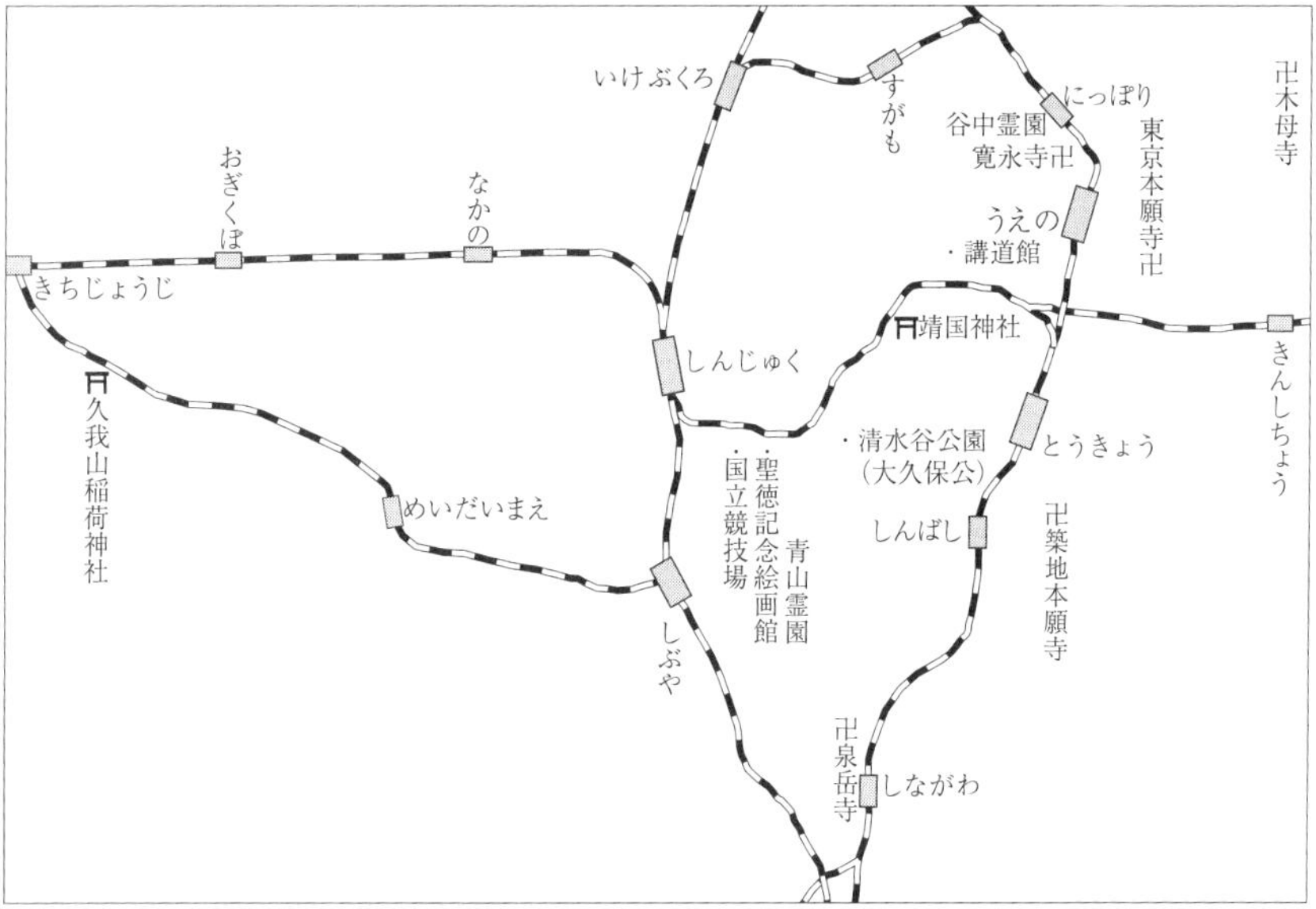

本書で紹介した霊園、神社、寺などの位置図（東京都内）

Ⅰ　外圧の余波

第一章　朝鮮半島をめぐる外交摩擦

言い尽くされた言葉かもしれませんが、「朝鮮半島は日本列島に食い込む刃」と言われています。現在の日本と韓国、北朝鮮との関係もそうですが、古くからの日本の歴史をたどる時、朝鮮半島の歴代政治勢力との関係を抜きにして語ることはできず、反面、アジアに位置する日本と朝鮮半島、さらには大陸との関係は一蓮托生の関係と言えます。

この章では、いわゆる鎖国という外交政策を選択していた徳川幕府から明治新政府にとって代わったことで国家としての対応を朝鮮に求めたことから発生した外交上の諸問題を金玉均という人物を中心にして述べたものです。

青山霊園のあたり

東京の青山、表参道、原宿と聞くと多くの方はおしゃれな街という印象を受けられるのではないでしょうか。日本のみならず、欧米のファッションメーカーもこぞってこの界隈に進出してくるほどですから、ブランド戦略としてのイメージアップに最適な場所なのでしょう。実際に国道二四六号線（通称青山通りとも「にいよんろく」とも言います）沿いを歩いてみると凝った作りのビルがあり、おしゃれなお店がいくつも並んでいます。ショーウィンドウには初めて目にするような外車があるかと思えば、あの宮崎駿監督のアニメ映画『崖の上のポニョ』で一躍有名になった大橋のぞみちゃんが所属するプロダクションがあったりと、なかなか目を楽しませてくれるのです。

しかし、地下鉄「青山一丁目」駅から青山通りを渋谷方面に向かって歩いていると、時折場違いな「霊園」や「墓石」という小さな看板が見え隠れすることに気づきます。意外にもここには華やかなファッション界とは無縁の青山霊園という東京都建設局が運営する墓地があるのです。

今回、この青山霊園を訪ねてみようと思ったのは明治時代、日本に亡命した朝鮮開化党の金《きん》玉《ぎょく》均《きん》の墓があることを知ったからです。

この青山霊園は明治七年（一八七四）九月一日に開設され、総面積二十六万三千平方メートル余（およそ八万坪）の広さを誇るのですが、東京ドーム五・五個分にもなる広さです。青山霊園と名前がついているように墓地でありながら公園としても整備されているために霊園と呼ぶそうですが、表通りの華やかさとは裏腹に樹木と墓石だけという閑散とした雰囲気に拍子抜けしてしまいます。

徳川家の墓所がある上野の谷中《やなか》霊園のみならず、東京の都心にこれほど広い墓地が開発されたことに驚きを隠せません。もしかしてこの青山霊園は旧徳川幕府への対抗意識から明治新政府が意図的に開発していった墓地なのではと疑問を抱いたのですが、谷中霊園は明治政府の命令で三十万坪余もあった敷地を十分の一に縮小させられたのだそうです。青山霊園の八万坪、谷中言園の三万坪と明治維新の余波があの世にまで及んでいるところに旧徳川政権を抑えこみたいという明治新政府の鼻息の荒さを感じてしまいました。

谷中霊園同様、青山霊園にも無数の墓があり、目的の墓を捜す場合、霊園事務所で該当する人物の名前を告げて教えていただくのがコツです。カラー印刷されたパンフレットに地図、霊園内は車道もあるので車に気をつけて歩いてくださいとの注意までいただき、外人墓地にあるという金玉均《きんぎょくきん》の墓を探しに出かけました。

青山霊園に眠る歴史上の人物の数は想像以上です。パンフレットに記載されているものから拾ってみただけでも二五〇人以上が記載され、その中には明治新政府の顔ともいうべき大久保利通《おおくぼとしみち》、土佐派の後藤象二郎《ごとうしょうじろう》、佐佐木高行《ささきたかゆき》があり、乃木希典《のぎまれすけ》、島村速雄《しまむらはやお》、秋山好古《あきやまよしふる》、川上操六《かわかみそうろく》、廣瀬武夫《ひろせたけお》という明治の軍人、緒方竹虎《おがたたけとら》という敗戦国日本の戦後政治の舵取りをした政治家など、幕末から昭和にかけての歴史教科書をなぞっているかの如くです。

中には墓荒らしを恐れてなのか、死んでしまえば皆同じという考えなのか、霊園の地図や案内書に名前を載せることを望まない遺族もいるそうです。そのひとつが総理大臣を歴任した吉田茂の墓ですが、すぐに見つけることができ、その同じ区画には麻生太郎元総理大臣の御両親（麻生太賀吉・

青山霊園　かつて、ここにあった吉田茂の墓。左側の十字架の墓は麻生太賀吉、和子夫妻の墓

青山霊園　松岡洋右の墓。墓石にはクリスチャンであることを示す十字が彫られている

和子）の墓もありました。威圧的なアメリカ占領軍の要求を得意のジョークと愛用の葉巻で煙に巻いた吉田茂の葬儀は昭和四十二年（一九六七）十月二十日に国葬として日本全国にテレビ中継されました。白黒テレビでその盛大な葬儀を観ていた身からすれば、意外にも小さな墓石であることに好感を覚えました（吉田茂の墓は現在、移転されている）。

また、石碑が立っていたから分かったのですが、第二次世界大戦へと結びついたといわれる日本、ドイツ、イタリアの三国同盟を推進した外交官松岡洋右《まつおかようすけ》（山口県出身）の墓もありました。人々の視線から遮蔽するかの如く墓の周囲は生垣で囲われ、正面には杉の大木が覆い被さるようにしているのですが、墓石には十字、墓碑銘にはクリスチャンネームまでが刻まれているのが印象的でした。長州（山口県）には隠れキリシタンが多かったそうですが、松岡家もその末裔だったのでしょうか。

青山霊園　忠犬ハチ公の碑（墓）。ご主人の上野英三郎と同じ墓所に有り、ハチ公ファンの人々の参拝が絶えない

もっとも、パンフレットに記載されていない墓のなかでトリビアものとして世間に知っておいて欲しいなと思ったのは忠犬ハチ公の墓です。今でも渋谷駅の待ち合わせ場所のシンボルとしてハチ公の像が鎮座していますが、急逝したご主人

の上野英三郎（東京帝国大学農学部教授）の墓に寄り添うようにしてハチ公のお墓があることがなんとも微笑ましく、嬉しく思いました。ハリウッド映画界のスターであるリチャード・ギア主演で忠犬ハチ公をモデルに『ＨＡＣＨＩ』というタイトルで映画化されましたが、このハチ公の墓も公開されても良いのではと思いました。

外人墓地から

そうそうたる著名人、著名犬の墓がある青山霊園ですが、青山通りから南に一直線に伸びる道路に面した一画に外人墓地が設けてあり、そこに金玉均《きんぎょくきん》の墓もあるとのことでした。外人墓地の入り口には日本の近代化のために来日し、惜しくも異国の地で命を落とした人々に感謝するという石原元東京都知事の筆になるモニュメントが歩道に面して設けてあり、広い霊園とはいえ外人墓地は容易に見つけることができました。その外人墓地の中心となるのは青山学院、東洋英和女学院、関東学院、関西《かんせい》学院など日本基督教団関係の宣教師七四名の墓です。これらキリスト教関係者の墓のなかでも

青山霊園　外人墓地入口の顕彰碑。「わが国近代化に指導的役割を果たされました」と刻まれている

東洋英和女学院の理事であったストーン・アルフレッド・ラッセル（Stone, Alfred Russell）は「ああ、あの人」と多くの日本人の記憶に残っているのではないでしょうか。昭和二十九年（一九五四）九月二十六日、台風一五号に遭遇して航行不能となった青函連絡船洞爺丸は風波による浸水で沈没してしまい、この災難で一一五五名もの尊い命が奪われたのです。たまたまこの船に乗り合わせたストーン・アルフレッド・ラッセルは惨事の最中、人々を慰め、船が沈没する寸前には自身の救命胴衣を他者に与えて亡くなったのです。名前はすぐに出てこなくても、三浦綾子の小説『氷点』にも描かれ、自ら命を捨てて他者を救った宣教師といえば分かるのではないでしょうか。

しかし、先年、この外人墓地の維持管理をめぐってちょっとした騒動が起きました。墓地を管理する東京都が、永年の墓地管理料未払いにつき更新手続きをしなければ無縁墓として墓所を処分すると墓前に通告の看板を立てたのです。青山学院、東洋英和女学院などの学校関係者ならばいざ知らず、外人墓地に眠る主たちの多くは明治時代に亡くなっているため子孫との連絡も容易ではありません。簡単に更新手続きを済ますことができるほうが珍しく、日本の近代化に貢献した方々が眠っている場所であり、歴史的な記念碑の要素が大きいと思うのですが、杓子定規な役所の判断は世間の認識が通用しないところにあるようです。その対象となった墓所のひとつに金玉均のものも含まれていたのです。明治期に日本に亡命し、後に清国（中国）、朝鮮国の刺客に暗殺された金玉均ですが、幸い、通告の看板に気付いた在日韓国大使館の機転で管理料が支払われ、難を逃れることができたのは望外の幸せです。

明治十年（一八七七）に大久保利通が許可したことで青山霊園のなかに外人墓地が設けられたの

ですが、この外人墓地にはひとりの日本人が埋葬されています。ジョセフ・ヒコ（Joseph Heco）こと浜田彦蔵です。アメリカ彦蔵とも呼ばれますが、江戸から摂津（関西方面）に帰る途中で乗っていた樽廻船が嵐に巻き込まれ、漂流中のところをアメリカ船に救助され、アメリカ本土で教育を受けた人です。江戸時代の日本はいわゆる鎖国に加えてキリスト教は国禁でした。鎖国状態の日本に帰国することはできないと諦めた彦蔵はキリスト教の洗礼を受けアメリカ国籍を取得。しかし、その後の日本は開国政策をとり、皮肉なことに日本駐在のアメリカ領事であるハリスの通訳官を務めるということで彦蔵は安政六年（一八五九）に帰国を果たしたのです。

この彦蔵は日本人として初めてアメリカ大統領と会見した人物といわれ、フランクリン・ピアース、ジェームス・ブキャナン、エイブラハム・リンカーンと三代の大統領と会見をしています。アルファベットや十字架の墓石が林立する外人墓地のなか、「浄世夫（ジョセフ）彦」と漢字で刻まれた日本風の墓石から、彦蔵の数奇な運命を感じとることができます。

青山霊園　外人墓地の「アメリカ彦蔵」の墓。「浄世夫彦」と漢字で名前が彫られており、元は日本人であったことを主張している

金玉均

日本人に知名度が高かった韓国人といえば「ヨン様」こと俳優のペ・ヨンジユンさんと思いますが、一昔前はハルビン駅頭で初代韓国統監の伊藤博文を暗殺した安重根《あんじゅうこん》ではないでしょうか。明治四十二年(一九〇九)十月二十六日、ロシアの蔵相ココフェッツとの会談のために満洲のハルビンを訪れ、ロシア儀仗兵の閲兵をするために列車を降りた瞬間、伊藤博文は反日血盟グループの一人であった安重根の凶弾に倒れたのです。この伊藤が暗殺されたことで日本人の間には朝鮮に対しての反感が高まり、日本国内で庶民相手に「飴売り」の行商をしていた朝鮮人までもが「かたき討ち」と称して暴行を加えられたそうです。

しかし、この伊藤博文暗殺事件の以前、明治初期の日本においては李朝末期の政変である甲申《こうしん》事変(朝鮮開化党による政治改革事件)で失脚し、明治十七年(一八八四)十二月に朴泳孝《ぼくえいこう》等同志八人とともに日本に亡命した金玉均《きんぎょくきん》が有名でした。清国(中国)からは属国とみなされ、ロシアや欧米諸国からの侵略行為に翻弄される朝鮮国でしたが、日本のように政治を刷新し、自主独立を果たそうとクーデターを実行したのが金玉均たちです。武力介入した清国によってクーデターは鎮圧されてしまい、再起を期して日本に亡命せざるをえなくなりました。科挙という官僚の上級試験にトップで合格、その秀才ぶりを称えられた金玉均ですので革命が成功していれば相当な政治改革を実行できたのではないでしょうか。

この甲申事変による亡命直後、アメリカに渡ってしまった同志が多い中、日本に留まり続けた金玉均は明治十九年(一八八六)八月、清国や朝鮮が放った刺客から身の安全を図るという理由で太平洋に浮かぶ小笠原に軟禁されています。いまや離島といえども気軽に飛行機で訪れることができる中、現在でもこの小笠原に行くには船便しかありません。東京港竹芝《たけしば》桟橋を午前十時に出た船は翌日の昼過ぎに一千キロ離れた父島に到着します。約二六時間の船旅ですが、金玉均が小笠原に送られた時代にはおよそ二十日もかかったそうです。

この幽閉先の小笠原における金玉均は囲碁を楽しみ、頼まれれば書をしたためるなど島民と交流を深めていたそうですが、時おり連絡船が入港すると刺客が乗っているのではと恐れて裏山に避難することもあったそうです。この小笠原における金玉均の生活ぶりにおいて印象深いのは、貧困から満足に学校に行けない島の子供たちに書を教え、一緒に遊びに興じていたということでしょうか。子供たちからは「アボジ（おとうさん）」と慕われ、現在でも東京都小笠原村教育委員会編集の小中学生用副読本『ひらけゆく小笠原』に民族服姿の金玉均の写真と好意的な解説文が紹介されています。

資料 金玉均と小笠原

「戦前，母島の小学校に，金玉均《きんぎょくきん》という人が書いた額《がく》が掛かっていた」

「わたしの家には，金玉均の書がある」

こんな話をたびたび聞かされるが，金玉均という人は，いったいどんな人だったのだろうか。

話は明治時代の中ごろ，日清戦争(1895年)以前にさかのぼる。そのころ，朝鮮半島は「李《り》王朝」が治めていたが，政治家たちは今までどおり清国《しんこく》(中国)を頼る与党の事大党《じだいとう》と，これに反対し，新興勢力である日本と手を結ぼうとする独立党《どくりつとう》とに分かれて争っていた。

⬆金玉均

金玉均は独立党の中心人物であったが，日本の武器と駐留軍の力を借りて，1884(明治17)年12月4日にクーデターを起こし，王宮を占領して独立党の政権を樹立した。

しかし，国王の要請を受けて出兵した清国駐留軍の攻撃によって，わずか3日後には敗退したため，金玉均は日本に亡命した。これが甲申《こうしん》の変と呼ばれる事件である。

金玉均は神戸・東京を転々として再起運動を続けたが，家族や同志の多くは処刑されてしまった。そのうえ本国からは日本政府に対して，金玉均の身柄《みがら》引き渡しを強く要求してきた。日本政府はやむなく，「国外退去にした」といって表面をとりつくろい，1886(明治19)年8月金玉均をひそかに小笠原に移したのである。

小笠原での金玉均は，島民の暖かいもてなしを受けながら，ときには囲碁《いご》に興じ，書に親んで不遇の日々をまぎらわしながら，2年間をすごした。1888(明治21)年7月，金玉均は横浜を経て北海道の札幌に移り，ここでも約2年をすごしたが，1896（明治23)年，東京に出て再起運動を再開した。しかし1894(明治27)年，本国から派遣された刺客のワナにかかり，中国の上海におびき出されて射殺されてしまった。

金玉均が射殺されたとき，小笠原時代からかわいがられ，護衛《ごえい》役として付き従っていた和田延次郎《わだのぶじろう》は，わずかの時間，金玉均のそばを離れたことを悔んだが，如何《いかん》ともしがたく，せめて遺体を丁重《ていちょう》に葬《ほうむ》ろうとした。しかしこれも清国の妨害によってできず，泣く泣く帰国した。そして金玉均の遺体は，清国から朝鮮に送られて，公衆の面前にさらされたと伝えられている。

東京都小笠原村教育委員会
「ひらけゆく小笠原」から

金玉均がこの小笠原に送られる四ヵ月ほど前、南洋探検と称して玄洋社の来島恒喜《くるしまつねき》、的野半介《まとのはんすけ》、竹下篤次郎《たけしたとくじろう》たちが滞在していました。南洋探検とはいいながら、来島恒喜たちは甲申事変の朝鮮開化派支援グループに関連しているとして東京の下宿から立ち退きを命じられたのです。それならばと小笠原諸島が日本の領土であることを証明するために小笠原に来ていたのです。同志ともいうべき金玉均が小笠原に送られてきたことを知った来島恒喜たちはここで東アジアの植民地解放や政治刷新について話し合いを続け、朝鮮の政治改革についても熱く議論を重ねていったといいます。アジアを侵略する欧米に抗い、アジアの植民地解放に邁進した自由民権運動団体の玄洋社ですが、来島恒喜たちと金玉均との朝鮮政治改革の討論は果てることを知らなかったのではと思います。

この金玉均が小笠原で人々と深い交流があったことを示すものが東京都杉並の久我山稲荷神社の境内にあるとのことで、訪れたことがあります。この神社の氏子であり砂糖王と呼ばれた飯田作右衛門が小笠原にいるとき、父親に対して孝行ができないことを詫びるために明治三十二年（一八九九）に建てた碑なのですが、遠くから親を思う人の心は誰も同じということで「人心同」という文字を金玉均が書いたというのです。日本に亡命したことで不忠の息子となった金玉均には飯田作右衛門の気持ちが痛いほど分かったのではないでしょうか。

ちなみに、安重根によって暗殺された伊藤博文ですが、暗殺時の着衣が今でも山口県立博物館に収蔵されているそうです。安重根は水平にブローニング銃の引き金を引いたそうですが、その血染めの着衣の弾痕を調べてみると上方からも伊藤の体を貫通した痕が残っているとのこと。このことは安重根以外にも伊藤を狙撃した犯人がいるという証拠なのではと思います。

この狙撃時の着衣が残っていること、犯人が別にいることを韓国人の友人に話すと、襲撃時の伊藤博文の服が残っていることに随分と驚いていましたが、韓国独立の英雄である安重根以外にも暗殺犯が居ることに「本当ですか」と強い疑いの言葉を投げ返してきました。

久我山稲荷神社「人心同」の碑。拝殿の右手にあるが、彫りが浅いために近づいてよく見なければ分からない

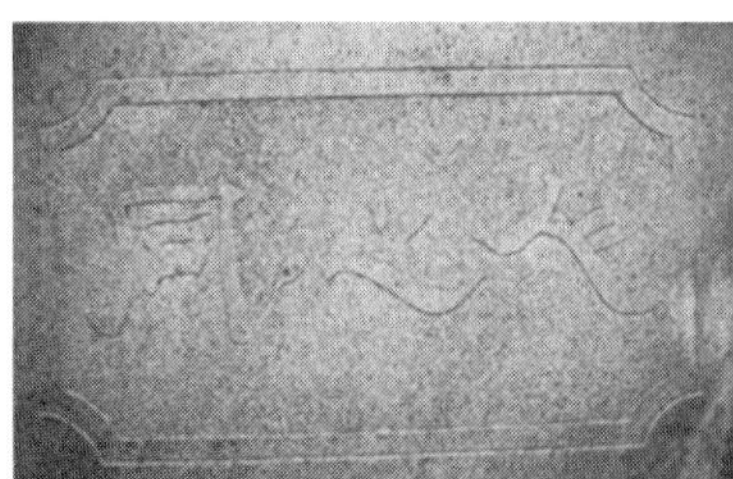

久我山稲荷神社「人心同」の碑。右から人、心、同と読むが、字は人をあらわすと言う通り、芸術的な書体である

条約改正問題

幕末期の安政元年（一八五四）、江戸幕府はアメリカと日米和親条約を締結し、安政五年（一八五八）には日米修好通商条約を締結しました。アメリカに続いてオランダ、ロシア、イギリス、フランスの各国とも修好通商条約を締結することになりましたが、この条約は関税自主権も治外法権も認めない不平等条約だったのです。国家としての条約を締結したのは表面上だけで実態としての日

本は欧米の半植民地であり、開港した港には各国の商船のみならず軍艦までもが我がもの顔で停泊し、なかには戦艦をドック入りさせて軍港代わりに使う国まであったのです。鎖国体制を続けていた幕府にとって条約締結の情報収集をする余裕もなかったのでしょうが、圧倒的な欧米の武力の前に無理やり締結させられた条約だったと思います。

慶応三年（一八六七）十二月、王政復古の号令が発せられ徳川幕府から明治新政府に行政権が移りましたが、不平等条約もそのまま新政府に継続されていました。この不平等条約改正は新国家としての体制作りとともに新政府の重要な懸案事項だったのです。この条約改正問題は井上馨《かおる》外務卿のときから一部改正か全面改正かという意見が対立し、井上馨は一部改正案を支持していました。

明治十九年（一八八六）八月、「眠れる獅子」と称される清国（中国）北洋艦隊はウラジオストックからの帰路に長崎に立ち寄ったのですが、飲食店で酒を飲み、泥酔した清国水兵が市民に暴行を働くという事件が起きました。いわゆる長崎事件と呼ばれるものですが、日本側は暴行を働いた水兵の処分を清国領事館に任せるということで収めたのです。しかしながら、このことを逆恨みした清国水兵が日本の警察官を襲撃し、日清双方が繰り出しての市街戦に発展し多数の死傷者を出すに至ったのです。

この長崎事件は当時の外務大臣である井上馨と清国公使との間で問題解決の話し合いが続けられたのですが、翌年の二月には双方の司直に任せるという形で終了してしまいました。この事件の特徴は相互に国家としての条約が締結されていたとしても、裁判権や強力な武力の背景がなければ国家として不平等な関係にあるということを日本側に知らしめた事件だったのです。世界最強とも東洋最強とも称される清国北洋艦隊の「定遠《ていえん》」「鎮遠《ちんえん》」「済遠《さいえん》」「威遠《いえん》」の海軍力を背にした清国は、対等な立場で日本との問題解決を図る気など毛頭無かったということです。この清国の頑強な抵抗に自信を喪失したのか、井上馨はこの条約改正問題をそっくりそのまま次の黒田清隆内閣での外務大臣大隈重信に押しつけてしまったのです。

この条約改正における一部改正か全面改正かという意見の対立ですが、現在の日本がロシアと交渉をしている北方四島の返還交渉とよく似ていると思います。関税自主権、治外法権を段階的に変更するか一度期に変更するか、二島ずつの返還か四島の一括返還かの考え方の相違なのですが、最終目的は同じでも文化、言語、歴史、軍事力も異なるロシアとの交渉事というのは一筋縄では解決しないものだと思います。

この北方領土返還交渉に話題が及んだ時、ある知人は絶対に四島同時でなければならないという持論を展開しました。アメリカとの全面戦争の切り口となったハワイ真珠湾攻撃の際、日本海軍機動部隊の集結地であった単冠《ひとかっぷ》湾がある択捉《えとろふ》島は日本人の魂が詰まっている。だから四島の最北にある択捉島を取り返さなければ本当の北方領土返還にはならないと主張するのです。

一部改正か全面改正かという条約改正でもめた明治の日本ですが、現代の領土返還においても様々な意見があるように、当時としても精神論を含む複雑な意見が交錯していたのではないかと思います。

奇しくも、この青山霊園には外務大臣を務めた東郷茂徳の墓があります。ノモンハン事件というソ連軍と日本軍の局地戦をソ連大使として外交交渉で終結させた東郷ですが、大東亜戦争（太平洋戦争）の敗戦後、文官でありながらも戦争犯罪人として連合国軍から訴追を受けた背景にはソ連（ロシア）の圧力（報復措置）が働いたからと考えます。

大隈重信襲撃事件

不平等条約改正問題で国内が湧きかえっているなか、明治二十二年（一八八九）十月十八日、玄洋社の来島恒喜《くるしまつねき》は一部改正案を推し進める大隈重信の暗殺を謀りました。国民が不平等条約の一部改正案に反対しているにも関わらず大隈は政治決定として一部改正案を推し進め、その強引な政治手腕に憤った来島は暗殺計画を実行に移したのです。大隈とすれば関税自主権を回復し、国家的命題である経済基盤を整えてから治外法権問題に取り掛かりたかったのでしょうが、その治外法権における改正案のなかに法務官として外国人を採用するという帝国憲法違反の項目があったために尊皇攘夷思想の教育を受けた志士たちの大いなる反感を買ったのです。閣議を終えて外務省の庁舎に入る寸前、大隈が乗る馬車めがけて来島は爆裂弾を投げつけたのですが、襲われた大隈は右膝から下の足を失うことになり、この大隈の遭難事件をきっかけに黒田内閣は総辞職、大隈が推し進める条約改正案は実を結ばなかったのです。

イカイ（沢山という意味の九州地方の方言）書生のある中で、

私の好きな来島さん、三千九百万人の、
頭にかかる難儀をば、
ただ身一つに引き受けて、
ポンと投げたる爆裂弾、
直ぐさま自殺の勇ましさ、
人間一度は死ぬものよ、
どうせ死ぬなら国の為

これは事件後に庶民の間に広まった俗謡ですが、当時の条約改正問題の国民意識を如実に表している歌なのではと思います。十八歳になれば男女ともに自動的に選挙権が与えられる現代と異なり、この当時、一般国民が国政に参加するための選挙制度はありません。一部の新聞が国政に対する反対意見を述べるのがせいぜいで、薩長政府主導による独断といっても過言ではない状態だったのです。

俗謡の歌詞にもあるように大隈重信を襲撃した後に自らの手で命を絶った来島恒喜ですが、福岡市博多区の崇福寺《そうふくじ》に設けてある玄洋社墓地に葬られるとともに、勝海舟《かつかいしゅう》によって上野の谷中《やなか》霊園にも追悼墓が設けられました。谷中霊園に現存する墓は玄洋社の頭山満《とうやまみつる》によって新しいものに建て変えられていますが、当時の墓石はその傍に横たえられたままになっています。条約改正問題がなければ金玉均《きんぎょくきん》、朴泳孝《ぼくえいこう》たちを助けて朝鮮改革運動にその一身を捧げたかった、金玉均との約束

谷中霊園　来島恒喜の墓。頭山満が建てた墓だが、右の燈籠は勝海舟によるもの。「暗夜の燈」と彫られていたが、官憲の命によって削られている。「乙10号17側」にある

谷中霊園　来島恒喜の墓所に置いてある勝海舟手跡の墓。霊園事務所の方もこの存在を知らない

谷中の「朝倉文夫彫塑館」の中庭。政治的な動きもする朝倉だが、陸軍のクーデター未遂事件「10月事件」の主犯である橋本欣五郎中佐とこの庭を眺めながら政治改革について討議した

を果たせないのが心残りでならないと来島は仲間に語ったといわれています。

来島恒喜の追悼墓がある谷中霊園の近くには東京都台東区立「朝倉《あさくら》文夫《ふみお》彫塑館《ちょうそかん》」があります。ここは彫刻家であった朝倉文夫の自宅兼アトリエがあったところですが、現在は一般に公開され朝倉が残した作品や遺品を目にすることができます。そのアトリエには早稲田大学の構内に立っている大隈重信像と同じものが展示してあり、大隈の右手には吹き飛ばされた右足をかばうためのステッキが握られています。朝倉文夫の作品はリアリティあふれる作風に特徴がありますが、この大隈重信像の面構えからしても自分の意見を押し通す頑固ジジイと見てとることができます。

金玉均の暗殺事件

およそ十年にわたる日本での亡命生活に疲れたのか、来島恒喜の命を懸けた政治改革に触発されたのか、清国（中国）の実力者である李鴻章《りこうしょう》、朝鮮王である高宗《こうそう》、その妃である閔妃《みんぴ》等の謀とも知らず、金玉均《きんぎょくきん》は李鴻章からの会談の申し出を受け上海に出向いてしまいました。この上海行きについては金玉均の亡命生活を支援していた玄洋社の頭山満《とうやまみつる》が強く反対したのですが、その制止を振り切って行ってしまい、明治二十七年（一八九四）三月二十八日、宿泊先である上海の東和洋行（通称日本ホテル）で刺客である洪鐘宇《こうしょうう》によって射殺されてしまいます。金玉均を護衛するために和田延次郎（和田延太とも）が上海にまで同行していたのですが、もう一人の刺客が言葉巧みに和田を別の場所におびき寄せた瞬間、洪鐘宇が犯行に及ぶという周到さでした。

この金玉均は刺客に怯えながらも十年に及ぶ亡命生活を送ったのですが、中華思想でいうところの外夷である日本に亡命しようと決意するきっかけは何だったのかと考えるときがあります。中華思想、つまり今の中国を中心として世界は成り立ち、その外側に居並ぶ国は文明的に順順に格下となり、その序列からいえば日本は朝鮮国の下になります。江戸時代、間接的とはいえ大国である中国の先進的な文化を導入する手段として朝鮮通信使がありましたが、文化的に格上の朝鮮から格下の日本に亡命してくるなど冒険に近いものがあります。金玉均が日本亡命を決意した背景には、中華思想はいずれ欧米の物質文明に滅ぼされると見抜いていたからではないでしょうか。

そのきっかけとなったのは朝鮮政府による日本の文物制度の視察でしたが、明治十四年（一八八一）に徐光範《じょこうはん》と共に派遣された金玉均は外夷と思っていた日本の近代化が急速に進んでいることに随分と驚いていたそうです。この訪日において福沢諭吉や後藤象二郎《ごとうしょうじろう》等とも親交を結ぶことができ、日本の実力者たちとの連携で朝鮮の近代化政策を進め、自主独立の国にできると金玉均は考えていたようです。しかしながら、明治十五年（一八八二）七月二十三日、朝鮮の政治的実権を握る閔妃《みんぴ》一族の開化政策に不満を抱いていた一団が大院君（朝鮮国王の父）を擁して政権を奪取するためのクーデターを起こしました。いわゆる壬午《じんご》の変と呼ばれるものですが、この政変勃発を政治改革の好機と思ったのか金玉均は帰国を急ぎ、帰国後の彼は「漢城旬報」を発刊するなどして朝鮮の近代化への意識改革を図るとともに内政改革に邁進することになったのです。この壬午の変において朝鮮王や閔妃は難を免れたのですが、朝鮮の軍事指導を行なっていた日本の堀本礼造中尉たちは殺害され、襲撃を受けた日本公使館の花房義質《はなぶさよしかた》たちはなんとか長崎へと逃げ帰ることができたのです。

この政変の二年後、明治十七年（一八八四）十二月、朝鮮の政治改革を急ぐ金玉均ら開化党は日本の支援を受けてクーデターを起こしましたが、これが甲申事変《こうしんじへん》と呼ばれるものです。この政変は朝鮮に駐屯する清国軍の介入でわずか三日間しか政権は続かず、金玉均たちは生き残った日本人とともに日本に逃げ、亡命することになったのです。清国軍は朝鮮に在留する日本人四十人余りを殺害、婦女子は強姦という狼藉をはたらいたのですが、当時の清国（中国）からすれば日本などは朝鮮よりもレベルが下の植民地程度にしか思っていなかったのではないでしょうか。その清国（中国）の日本に対する大国意識の延長が明治十九年（一八八六）八月の騒乱事件（長崎事件）として表面化したのだと思います。

先ほど、明治十五年（一八八二）の壬午《じんご》の変について述べましたが、この事変での日本人犠牲者

木母寺「守命供時」の碑。壬午の変で堀本中尉たち14名が殺害された。米軍の爆撃時の炎に晒され赤茶色に変色している

木母寺「守命供時」の碑裏面。上段右端に花房義質の名前が見えるが、上部には爆弾の破片によって判読できない箇所も

を弔う碑が東京墨田区の木母寺《もくぼじ》にあるとのことで訪ねたことがあります。アメリカ軍の無差別爆撃によって本堂は焼失、その後の区画整理によって寺自体は移転したのですが、建て替えられた寺の一隅に追悼碑が立っていました。空襲時の爆弾の破片によって碑の一部が砕けて判読できない部分がありましたが、ありがたいことに、ご住職自ら碑文の記録書類をコピーしてくださり、刻まれた内容を詳細に知ることができました。

先述の金玉均の刺客となった洪鐘宇は朝鮮における初のフランス留学生です。階級制度の厳しい当時の朝鮮において身分は高くなく、その反動からか極めて上昇志向の強い人物であったといわれています。金玉均を暗殺すればしかるべきポジションに就けるとの閔妃との密約通り、洪鐘宇はその後官吏としての出世を果たしましたが、後に洪鐘宇は再びフランスに渡り、その後の消息は不明です。

洪鐘宇は金玉均のみならず、他の多くの開化党員を暗殺していますが、この朝鮮における政治改革の様相はまるで幕末の京都で新撰組が尊皇攘夷浪士を暗殺しまくった姿と重なります。いつの時代も革命には血がつきものですが、洪鐘宇は政治の先行きを読み、身の安全を求めてフランスに逃亡したのかもしれません。

朝鮮をめぐる日清間の対立

金玉均が暗殺された事件は朝鮮の政権を握っていた閔妃《みんび》一族と李鴻章《りこうしょう》がしかけた刺客によるものと日本に伝えられ、朝鮮当局の残虐ぶり、日本政府の軟弱ぶり、清国政府の悪辣ぶりに日本人は大いに憤慨したそうです。このため、いつ、日清間に戦争が始まってもおかしくはないという世情だったそうですが、実際に金玉均が暗殺された四ヶ月後の明治二十七年（一八九四）八月に日清間の戦争が始まっています。

この国家間の紛争というものは人間社会と同じように小さないざこざの積み重ねや金銭をめぐっての競争心理が暴発したものではないかと考えることがあります。しかしながら、この両国の戦いは清国軍に名を借りた欧米列強による日本侵略戦争ではなかったかと考えます。日清戦争については日本に朝鮮半島や大陸に領土的野心があったとか、国内の旧武士階級の不満を対外的な紛争に向けることでガス抜きをしたという説で歴史を語る方がいますが、明治十年（一八七七）には西南戦争という内戦を終えたばかりで、対外戦争に向けての軍事力や戦費調達という国力が日本に備わっていたのだろうかと疑念を抱くことがあります。実際に、この日清戦争時、日本国内では戦地に送られて不足した梅干しやタクワンを求めての騒動が起きているのですから、市民生活に影響を及ぼすほど国力が不足している中での戦争であったのは確かです。

・明治二十五年（一八九二）当時の貿易額（ドルベース換算）

日本から朝鮮	二、五五五、六七五
朝鮮から日本	二、六三三、八八八
清国から朝鮮	二、〇五五、五五五
朝鮮から清国	五三五、五五二

日清戦争の前、貿易額において日朝間は均衡を保っているものの、清国と朝鮮との間では約四倍の開きが生じています。清国にとって、極めて美味しい貿易相手国が朝鮮であり、この市場をみすみす日本に持っていかれるのは面白くなかったと思います。

金玉均が使節として来日した際、朝鮮近海の漁業権、森林の伐採権を担保に借款を受けられるように日本政府の要人と交渉をしていたそうですが、今でこそ石油や天然ガスの採掘権をもとに技術と開発資金を捻出するのは常識となっています。明治時代に権利という形の無いものから資金を引き出すことを考えるとは、さすがに金玉均が頭脳明晰といわれる由縁だと思います。残念ながら、この金玉均のプランは朝鮮政府首脳の添書が無かったために日本からの借款を得ることができなかったのですが、日本政府からみて貿易相手国としての格付けが低かったからなのかもしれません。

現代においても諸外国との貿易不均衡や通貨レートが国家間の問題となりますが、弱肉強食のこの時代、領土問題とともに経済問題の解決方法は軍事力の示威行為ですので、朝鮮という市場獲得競争の最終行為が日清戦争であったと思います。

青山霊園　後藤象二郎の墓。通路に面して墓石が立っており、いやが応でも目に止まる。故人の性格なのかと

この青山霊園第十三号一種イ二十三側一番、二番には金玉均とも親交を結んだ後藤象二郎の墓があります。イギリス人貿易商のトーマス・グラバーが破産状態に陥ったとき、グラバーを支援する行動を後藤はとっていますが、何故、金玉均の借款問題を積極的に助けてあげなかったのだろうと不思議に思いながら、胸を反らすように立つ後藤の墓石を眺めたことがあります。

征韓論のはじまり

嘉永六年（一八五三）、ペリーの黒船艦隊の来航によって無理やりに鎖国体制をこじ開けられた日本ですが、朝鮮の鎖国体制を打開する手始めも欧米の砲艦外交でした。万延元年（一八六〇）、フランスは京城（漢城）を守備する江華島で、アメリカは平壌に近い大同江で朝鮮軍と砲火を交えましたが、この時はいずれも朝鮮軍が勝利を収めました。この二つの事件に関して日本では注目を集めないのですが、これはこの当時、桜田門外の変という幕府の大老井伊直弼《いいなおすけ》が水戸浪士、薩摩浪士に襲撃されるという政治事件が起きており、日本国内の耳目が全てそちらに集まっていたからだと思います。

日本は明治二年、三年（一八六九、一八七〇）に新たな国交を求めて外交使節を朝鮮に送り込んでいますが、書式が違うとか、印が違うなどというクレームがつき、親書の受け取りは拒否されてしまいました。この拒絶の裏には日本政府の役人が洋服を着用し、汽船で現れたことに原因があるのですが、朝鮮側としては洋装に汽船というのはフランスやアメリカと同じく日本までもが大砲の威力で朝鮮を攻撃に来たと誤解していたのです。ましてや、中華思想でいえば、外夷（格下）である日本が洋夷（西洋の夷敵）の真似をしてけしからんと思っていた節があるのです。

かつて、豊臣秀吉の朝鮮の役によって断絶された日朝間の国交ですが、慶長十四年（一六〇九）に徳川幕府との間で三百年間有効の己酉《きゆう》条約が結ばれました。これは徳川家康の熱意と忍耐によって日朝間の国交回復が実を結んだ結果ですが、この条約には釜山に出入りする船は和船、服装は和服、交渉役は対馬藩の役人に限るなどの細かな規定が盛り込まれていました。さらに、外交文書は釜山で受領するというものでしたが、これは豊臣秀吉軍が首都の京城（漢城）にまで進軍してきたことに懲りた朝鮮側が経路を秘匿するために釜山止まりという規定を設けたのです。

外務権少丞吉岡弘毅が外務卿の書状を礼曹判書（担当大臣）に渡すために渡鮮した際、書状の書式が違う、印が相違しているなどといって朝鮮側は親書の受け取りを婉曲に拒否しているのですが、真実は日本側の条約違反に気付いて欲しかったからといわれています。

この当時の外務卿は副島種臣《そえじまたねおみ》ですが、日清修好条規批准まで持ち込んだ実績のある副島としては、なぜ、頑なに朝鮮側が交渉を拒むのか理解に苦しんだようです。友人と称する江藤新平、西郷隆盛等とともに征韓論で野に下ったのですが、西南戦争時は外地を旅行中であったために災禍に遭わず、再び宮内省に出仕しています。副島種臣の墓所は青山霊園にありますが、征韓論の実際は何だったのか詳しく尋ねてみたい気もします。

朝鮮との国交交渉のこじれから明治六年（一八七三）に日本の政府部内で「征韓論」が起きました。この「征韓論」は西郷隆盛が強硬に主張したものとばかり思っていましたが、もともとは尊皇攘夷派志士であった久留米藩士の佐田白芽《さだはくぼう》が主張し始めたものだそうです。

明治二年（一八六九）十二月に渡鮮し、現地の実情を把握していた佐田にすれば、欧米列強の武力を軽視する朝鮮の役人を説得するには、日本も武力による威圧しか国交正常化はないと考えていたようです。

江華島事件から

先ほど、朝鮮に対する砲艦外交の手始めとしてフランスやアメリカが口火を切ったことを話しましたが、膠着状態の日朝間の国交交渉も最終的には砲戦によって決着をみました。明治八年（一八七五）、朝鮮南岸を測量中の日本海軍雲揚《うんよう》号のボートが不足した薪、水を朝鮮側に求めるとして漢江をさかのぼっていたところを江華島砲台から攻撃を受け、砲戦となったのです。これが歴史の年表に記載される江華島事件ですが、結果として日本側が江華島砲台を征圧し、朝鮮側を国交正常化交渉のテーブルに引っ張り出すことに成功したのです。この測量行為や、薪や水を求めるという行動はアメリカのペリー艦隊が日本に対して行なった開国の口火を切る方法そのままです。

最終的には明治九年（一八七六）二月二十六日に十二ヵ条からなる日朝修好条規が締結されるに至り、これは江華島事件が発端となったために江華島条約とも呼ばれています。かつて、朝鮮通信使を迎え入れて友好関係を築いていた日本が、なぜ、フランスやアメリカ同様に朝鮮国に対して武力で開国を迫ったのだろうか、どうして、いいがかりに近い江華島砲台への接近を試みたのだろうかと長年、この事件を不思議に思っていました。

後に、この江華島事件の背景にはロシアの南下政策に対するイギリスの抑止力が影響していたことを知って驚くのですが、明治五年（一八七二）に日本駐在のイギリス公使であるハリー・パークスが早期の日朝国交回復交渉を日本政府に強く求めていたのです。日本に朝鮮の開国を急がせ、しかる後にイギリスなど欧米諸国が朝鮮との国交交渉に便乗しようと考えていたのです。

天保十一年（一八四〇）、清国（中国）とのアヘン戦争に勝利したイギリスはこのことで清国（中国）侵略の橋頭堡を築いたのですが、時を同じくしてロシアもシベリア、満洲、朝鮮の侵略に乗り出してきていました。アジアにおける国益をイギリス一国で占有するにはロシアの南下を抑止することが第一の前提となるため、日本に圧力をかけて朝鮮を開国させ、いち早く朝鮮での権益をイギリスは確保したかったのです。

文久元年（一八六一）、ロシアは艦船の修理という名目で対馬を占領したことがありますが、このとき徳川幕府はイギリスを動かしてロシアを対馬から撤退させました。イギリスにとって日本はアジアにおける番犬であり、その日本を侵略するロシアはイギリスの権益を侵害するライバルだったのです。そのイギリスは明治十八年（一八八五）に朝鮮の巨文島《きょぶん》（ハミルトン）を占領してロシアの南下政策抑止の拠点化を図っているのですが、その巨文島にハミルトンという英国流の名前を付すことじたい、イギリスのアジアに対する傲慢さを感じてなりません。この朝鮮の巨文島をイギリスが占領している頃、清国はイスラム教徒が住むイリ地方の領有権をめぐってロシアと対立しており、属国である朝鮮の防衛にまで手が回らなかったようです。この当時、インド、ビルマ（ミャンマー）、ベトナム、インドネシア、マレーシアなどの東南アジア諸国と同じく、日本、清国、朝鮮も四方八方から欧米列強の侵略の脅威にさらされていたのです。

この当時、日本にはアヘン戦争にも従軍したイギリス公使ハリー・パークスが駐在していました。先述の外務卿副島種臣はハリー・パークス相手にうまく立ち回っていましたが、新聞「日本」に論説を書いていた福本日南《ふくもとにちなん》が副島の外交交渉を激賞することで世論を支えていました。副島とともに福本日南の墓も青山霊園にありますが、かつての外交交渉の昔話は尽きないのではないでしょうか。

この日朝間における江華島条約ですが、日本側にとって有利、朝鮮側にとって不利な不平等条約となっています。このことは日本の朝鮮半島、大陸への領土的野心の顕れといわれてもしかたなく、欧米諸国との不平等条約の改正に苦しむ日本が朝鮮との間に有利な条約締結をしたことに不公平さを感じていました。

しかし、この裏にもイギリスの外交政策が作用しており、日本が朝鮮との間で不平等条約を締結すれば、あとの欧米諸外国もその不平等条約をコピーして朝鮮と締結するだけで済みます。諸外国と日本とは不平等条約が締結されていますので、日本が朝鮮側に優位な条約を締結したとしても総体的に結果は同じことでしかないというわけです。欧米列強にしてみれば、日本が朝鮮を開国させたことは自らの手を汚さずして朝鮮に利権の足がかりを得たということだったのです。

日朝修好条規（江華島条約）締結以前

明治新政府と朝鮮との日朝修好条規（江華島条約）が締結される（明治九年）以前の江戸時代、朝鮮との貿易は対馬藩の独占でした。釜山に設けられた交易所である倭館《わかん》においてのみの商取引でしたが、これは江戸幕府がオランダとの交易を長崎の出島に限定したことと酷似しています。この倭館には日本以外にも朝鮮周辺の部族も交易に訪れていたそうで、いわば、釜山の倭館は東アジアのトレードセンターの役目を果たしていたわけです。その倭館における日本と朝鮮との交易は己酉《きゆう》条約に基づいていましたが、その条約には詳細な規定があることはお話ししました。その規定には対馬藩の役人、つまり男性のみが倭館に滞在できるとなっているのです。いわば、サラリーマンの海外赴任のはしりですが、いつの時代も女っ気なしの単身赴任の楽しみと言えば飲むことか食べることに集中します。対馬藩と朝鮮の交易担当の役人は相互に接待に励んでいたようですが、朝鮮の役人が楽しみにしていた接待料理は甘い水（甘露）のごとくと称された日本酒、朝鮮では入手できなかった砂糖だったとか。当時の朝鮮では甘味料といえば穀物デンプンからつくる水飴や飴に限られており、長崎にも交易所を持っていた対馬藩は貴重品の砂糖を入手するルートを持っていたようです。米の生産高で経済力を指し計る江戸時代、周囲を海に囲まれ稲作が望めない対馬藩にとって鎖国体制下の貿易というものは藩の経済を左右するほどの膨大な利益をもたらしていたようです。

しかしながら、徳川幕府から明治新政府に政権が移ると間もなく、政商とも言うべき三井組の商人が貿易のために倭館に滞在するようになりました。朝鮮側としてはこの三井組の取引は密貿易とみなし、己酉条約違反として日本側に何度も警告を発しています。それにも関わらず日本側が対応を改めようとしないことから、朝鮮側は倭館の日本人に日常品の売買を行なってはならないと倭館に出入りする朝鮮人商人に厳命したのです。倭館に居住する日本人にとってこの処分は生鮮食料品が入手できなくなることを意味し、倭館滞在に随分と支障をきたしたそうです。

行政が幕府から新政府に移ったことによって倭館は対馬藩の管理から明治政府の管理下に置かれたのですが、このことで対馬藩の役人は政府の役人の支配下に組み込まれました。貿易実務ができない役人に使われ、交易の莫大な利益は新政府に奪われるといった状態に対馬藩は置かれていたのです。

新政府における日朝間の交渉がスムースに進まなかったひとつには、対馬藩の役人が腹いせに外交文書を書き換えていたのではないでしょうか。対馬藩の役人によって整えられた秀吉の時代の外交文書を九州国立博物館で目にしたことがありますが、対馬藩の通訳官にとって日朝間の外交文書を書き換えることなど、お手のものだったのです。

日本とオランダとの交易は長崎の出島で行なわれていました。釜山の倭館同様、隔離された出島に滞在できるのはオランダ人男性だけという取り決めでしたが、幕府は特例として出島滞在のオランダ人男性には日本人遊女をあてがっていました。「オランダお稲」こと楠本稲はオランダ商館医ジーボルトと遊女お滝との間に生まれた女性として有名ですが、釜山の倭館においては出島と異なり遊女の出入りまでは認められていませんでした。そのため、倭館の塀を乗り越えての男女関係が朝鮮人商人の手引きで行われていたそうですが、この条約違反が朝鮮側官憲に発覚すると対馬藩の関係者はそそくさと対馬へと逃げ帰っていたそうです。今でも日本駐在の大使館員によるスパイ行為が発覚すると即座に国外へと逃げ去るところをみると、昔も今も人間の仕業にさしたる差はないということです。しかしながら、逃げおおせることのできない朝鮮人女性は衆目のなかで極刑に処せられたそうです。ただただ、哀れとしか言いようがありませんが、その罪名は外夷の獣（日本人）と交わったことによるというのですから、中華思想の徹底ぶりには驚くばかりです。

二度目の征韓論

明治政府に政権が移ったということから徳川幕府時代の己酉《きゆう》条約を無視し、倭館には政府の役人、政商の三井組の商人が駐在していました。貿易実務も、日朝間の通訳も従来通り対馬藩の朝鮮通詞が担当していましたが、長崎におけるオランダ通詞と同じく朝鮮通詞も世襲制で幼い頃から朝鮮語の習得を義務付けられていました。

文化摩擦とも認識の相違とも言える明治二年の「征韓論」ですが、明治六年（一八七三）に再び「征韓論」が再燃しました。この二度目の「征韓論」に火を付けたのは対馬藩の通訳官の息子である半井《なからい》桃水《とうすい》によってといわれています。朝鮮通詞の子供として幼い頃から父に従って釜山で生活し、朝鮮語の習得をしていた桃水少年にとってハングルの読み書きは修得済みです。倭館の門将（門番）のそばに掲げられていた警告文を写しとることなど朝飯前のことで、条約に反して滞在する日本人に日常品の売買を禁ずるという警告文をハングルの練習とみせかけ、そっくり書き写してきたのです。その訳文は外務省の役人である倭館長を経由して日本政府に報告されるに至ったのですが、警告文には日常品の売買を禁ずる内容だけではなく、激しく日本の対応を批難する言葉で埋め尽くされていたのです。明治政府としては再三再四、礼を尽くし、辞を低くして国交再開をお願いしているにもかかわらず、きびしい日本批判の内容に激怒、堪忍袋の緒を切ってしまい、一旦は沈静化していた征韓論が暴発してしまったのです。

明治政府としては幕末期に三井組から莫大な倒幕資金を調達、上納させていますので、朝鮮との貿易を三井組に委任することで返済の見返りとしたかったのではないでしょうか。領土的野心というよりも、三井組からの借金を早期に相殺するための日朝貿易再開が最大の目的であり、その過程において発生したのが「征韓論」なのではと考えます。欧米諸国に翻弄される東アジア情勢のなか、日朝修好条規（江華島条約）に基づいて日本と朝鮮との国交が正式に始まったのですが、明治六年（一八七三）の征韓論に敗れて下野した西郷隆盛、板垣退助、江藤新平等はこの日朝修好条規締結をどのように捉えていたのか、興味のあるところです。

その征韓論の対立の極にあった大久保利通の墓は青山霊園第二号一種イ十五から十九側一番にあります。大きく聳える顕彰碑のような墓石ですが、まるで霊園全体を睥睨するかのようです。墓所の入り口には歌人の斎藤茂吉の墓があるのですが、まるで大久保家の門番のような位置にあるため気の毒に思えてなりません。

明治政府の財政責任者としては越前藩士の三岡八郎こと由利公正《ゆりきみまさ》が就任し、三井、島田、小野という三組の豪商から合わせて三二〇万両の倒幕資金を用立ててもらっています。なかでも三井組の三野村利左衛門などは軍資金不足から進軍できず大津（現在の滋賀県大津市）で止っていた官軍に三〇〇〇両を追加支援するほどでした。現在の通貨に換算してどれほどになるのか想像もつきませんが、この倒幕戦争が三井組が政商として明治政府に食い込むきっかけとなったのは確かです。

仏教による日朝交流

明治時代の始め、日本と朝鮮との間では国交再開拒否という問題が起きていましたが、意外にも宗教界では友好的な関係が構築されつつありました。仏教を日本にもたらした朝鮮であるにも関わらず、儒教を信奉する朝鮮王の父大院君《たいいんくん》によって朝鮮国内の仏教は抑圧され、そのため仏教寺院は山間部に追いやられていました。現在も韓国における著名な寺院が山間部に多く残っているのは、その当時の名残といわれています。

東京浅草の東本願寺。東京本願寺とも呼ばれるが、ここで金玉均の葬儀が行なわれた。浅草寺にも近いために浅草寺と混同されることがある

明治元年（一八六八）、日本においても明治政府による神仏分離令が出されていますが、すでにこの頃、釜山に東本願寺の別院が設けられて布教活動が始まっているのには驚きました。新政府は神仏分離令によって仏像の取り壊しまでをも命じるほどですから、大院君の仏教弾圧と同じ事が日本でも起きていたということです。この東本願寺の海外布教も日本仏教の生き残りをかけてのものと思いますが、互いに抑圧される仏教同志ということからなのか、釜山の別院に朝鮮泰院寺の住職である李東仁《りとうじん》が来訪してきています。政治権力によって抑圧される仏教が国を超えて相互に手を結ぶというのは窮余の策と思いますが、このことから、李東仁は京都東本願寺の本山にまで招かれるほど親密な関係を日本仏教界に築くことができたのです。

　科挙の試験にトップで合格した金玉均《きんぎょくきん》ですが、古均居士という法名までをも持つ仏教徒だったのです。儒教

を国教とする朝鮮の役人でありながら仏教徒という関係からか金玉均は李東仁を支援していたそうです。この李東仁の東本願寺派人脈によって金玉均は来日の際に日本の要人との折衝を容易に形成することができたのですが、金玉均の葬儀が東本願寺系の東京本願寺（浅草本願寺）において行われたことに金玉均と東本願寺派との繋がりの強さをうかがい知ることができます。一緒に日本に亡命した朴泳孝《ぼくえいこう》を相手に金玉均は好んで仏教談義をしていたそうですから、仏教でいうところの平等思想に惹かれていたのかもしれません。

ちなみに、倭館の警告文を写し帰り二度目の「征韓論」を引き起こした半井桃水《なからいとうすい》ですが、後に朝日新聞の記者として活躍する傍ら『胡砂吹く風』というタイトルで新聞小説を連載していました。このとき、半井桃水のもとには小説作法を習いに樋口一葉がやって来ていたのですが、「小説の文章が粗い」と逆に桃水を批判しているのは一興です。樋口一葉の生活支援のためと思って一場読み切りの新聞小説の作法を教えていたのだと思うのですが、純文学を志向する一葉の小説とではおのずと言葉の選び方やストーリー展開に差異が生じるのは致し方ないと思います。

心理学の本には相手への好意を素直に表現できず、逆の仕業で表現するということがありますが、この半井桃水に対する樋口一葉の批評の裏には何か別の思いが隠れていたのかもしれません。

樋口一葉で思い出しましたが、ここ青山霊園には一葉と同門の小説家である三宅花圃《みやけかほ》の墓もあり、夫で評論家の三宅雪嶺とともに眠っています。この三宅雪嶺の女婿となるのが朝日新聞の記者から衆議院議員になった中野正剛（玄洋社員）ですが、記者時代に三宅雪嶺の家に出入りするうち雪嶺の長女多美子を見染めたのだそうです。

日清戦争の背景

アヘン戦争に敗北した清国（中国）は欧米列強によって権益確保という名の侵略を受け続けていました。自国を蚕食されている中においても清国での政治改革は行われず、属国と主張するだけで朝鮮を援助する動きはありませんでした。どころか、日本に対しては明治十九年（一八八六）、長崎で騒乱事件を起こし、明治二十四年（一八九一）には清国北洋艦隊を品川沖にまで派遣し、武力による示威行為まで行なっているのです。この明治二十四年の清国北洋艦隊の寄港の数ヶ月前、軍艦七隻を率いたロシア皇太子が訪日しており、滋賀県大津市で警備中の巡査が人力車に乗っていたロシア皇太子を切りつけるという事件が起きています。いわゆる大津事件といわれるものですが、明治天皇自らが神戸港に停泊しているロシア軍艦にまでロシア皇太子のお見舞いに出かけるほどの大きな事件でした。もし、この事件を口実にロシアが日本に攻め込んできていたならば、強大国ロシアによって日本など瞬く間に植民地にされていたことでしょう。その事件の余韻が治まらない中での清国北洋艦隊の訪日ですから、これは日本に対する清国の軍事的威圧行為としか言えません。

明治二十七年（一八九四）七月、朝鮮半島東岸の豊島《ほうとう》沖で日清間の戦端が開かれましたが、これは日清間で締結した天津条約に反して清国が朝鮮に軍隊を送り込んでいることから始まりました。兵員輸送に使われたイギリス船籍の「高陞号《こうしょうごう》」を東郷平八郎艦長座乗の「浪速」が拿捕《だほ》したのですが、数度に渡る警告に清国側が従わないためにやむをえず撃沈したのです。このことに対し、イギリス船籍ということからイギリス側が資産の損害賠償を求めて日本を非難しましたが、処置が国際法に適っているとして日本批判は鎮静化したのです。

この兵員輸送において発生した「高陞号《こうしょうごう》」事件に限らず、この戦争を詳細に見ていくと、欧米列強の東アジアにおける利権獲得のための代理戦争そのものです。。清国軍の装備品を見てみると軍艦や小銃はドイツ製、大砲はイギリス製、海軍基地もドイツ人顧問による設計構築、海軍士官はイギリス人とドイツ人という有様です。日本軍においてもフランス製、イギリス製の軍艦、大砲はイギリス製で、わずかに小銃に関してのみ日本製でした。さらには欧米列強の軍人が観戦する中での戦争ですから、ある意味、欧米列強の武器の実戦ショーです。欧米列強にとって日本が勝利しようが、清国が勝利しようが、武器が大量に売れて利益があがれば良いだけのことであり、棚ぼた式に何らかの利権が転がり込めば、日清のどちらが勝利しようと構わなかったのです。うがった見方をすれば、欧米列強のアジア侵略による圧力で始まった局地戦争といっても過言ではないと思います。

この日清戦争は豊島沖海戦から始まりましたが、日本海軍は明治初期にイギリス海軍の作戦参謀を招き艦隊運用について学んでいました。その時の生徒の一人が作戦参謀の島村速雄です。ミッドウェー海戦で空母「飛龍」とともに自沈した山口多聞海軍中将の墓に近いのですが、日露戦役の日本海海戦で用いられた丁字戦法を立案した海軍元帥とは思えない、合理性を感じさせるお墓であったことに拍子抜けしてしまいました。

この日清戦争は日本の勝利で終わり、下関で行われた日清講和条約により賠償金の他に台湾と遼東半島が日本に割譲となりましたが、ロシア、ドイツ、フランスの三国干渉によって遼東半島は清

青山霊園　島村速雄の墓。日清戦争では旗艦「松島」に作戦参謀として座乗し、負傷している。次男の和雄は後に柳川立花家の第16代当主となった

国に返還しました。遼東半島の清国への返還後、ロシアは旅順、ドイツは膠州湾のある青島、フランスは広州湾、イギリスは威海衛を清国から租借し、軍港の建設を始めているのですから、まさに欧米列強にとって棚ぼたの日清戦争だったのです。

　さらに、アメリカ、イギリスは日本の三国干渉による遼東半島返還を批判し、朝鮮での開発利権を優先的に締結することを日本側に認めさせているのです。

◇欧米が日本側に認めさせた朝鮮国内での権益
・アメリカ　鉄道敷設権と金鉱開発権
・ロシア　森林と鉱山の開発権
・フランス　鉄道敷設権
・ドイツ　金鉱開発権

この日清戦争の開戦直前に日本とイギリスは日英新通商航海条約を締結したのですが、これは日英間の対等な通商条約締結というよりも、日本をロシアの南下政策阻止の防波堤にしようと考えていただけのようです。この新条約締結は、まさに、アジアにおけるイギリスの番犬として日本が飼いならされてしまった証ではないでしょうか。

金玉均の墓所にて

上海で暗殺された金玉均の遺体は清国北洋艦隊の軍艦「威遠《いえん》」に乗せられ、洪鐘宇《こうしょうう》とともに朝鮮の京城（漢城）に送られました。遺体は無残にも大衆の面前で四肢を寸断、頭と胴は楊華津頭《ようかしんとう》において「大悪不道金玉均之屍」の札のもとにさらしものにされています。これは儒教におけるもっとも重い刑ですが、この切り刻まれた金玉均の遺体の一部からは遺髪と服地が甲斐軍治《かいぐんじ》という日本人の手によって密かに日本に運ばれました。東京文京区の真浄寺《しんじょうじ》には甲斐軍治が持ち帰った金玉均の遺髪と服地を納めた墓が建てられましたが、これとは別に犬養毅《いぬかいつよき》、頭山満《とうやまみつる》等の尽力で東京の青山墓地にも葬られたのです。この犬養は昭和七年（一九三二）に起きた五・一五事件で海軍中尉三上卓《みかみたく》等によって暗殺された総理大臣ですが、頭山たちとともに孫文の辛亥革命を支援するアジア主義者の一人でした。

青山霊園の外人墓地はキリスト教宣教師の墓が大部分で、白亜の十字架や頭頂が丸くカーブした西洋風の墓石が居並んでいます。外人墓地を西に四ブロック入った右手に高さ三メートル弱、幅一

真浄寺　金玉均の墓。「朝鮮国金玉均君之墓」と彫られているが、不審者の目を欺くように、建ててある。訪れた時、真紅の彼岸花が咲き誇り、故人を慰めていた

真浄寺　甲斐軍治の墓。金玉均の遺髪と服地を持ち帰り、金玉均の墓を建てたが、その墓は甲斐軍治墓の後ろにある。まるで刺客から金玉均を守るかのように見える

メートルほどもある一枚ものの自然石が建っていて、それが金玉均の墓でした。お墓は貴重な歴史的資料でもあるのですが、故人の眠る場所です。常に持ち歩いている数珠を取り出し、墓を拝見させていただくこと、写真を撮らせていただくことのお願いをしながら墓に向かって手を合わせました。下手くそながら「般若心経」を唱え、故人の冥福を祈ったのですが、このとき、殺風景な金玉均の墓を見て、花束を持参すれば良かったと悔まれました。

　ひと通りの儀式を済ませて墓石の裏面にも回りましたが、墓というよりも金玉均の顕彰碑で、一緒に日本に亡命してきた朴泳孝《ぼくえいこう》の追悼文がつづられていました。李氏朝鮮での王

族を示す官位名が朴泳孝の名前の上にあり、日付も李氏朝鮮での年号でした。後に朴泳孝はこの朝鮮の王族という身分から日本の貴族に列せられているのですが、この墓が建てられた時の気持ちとしては李氏朝鮮の一臣下として金玉均を追悼したかったのではないでしょうか。金玉均と同じく、朝鮮の刺客に追われる朴泳孝でしたが、漢文の追悼文からは金玉均を失った無念さ、悲しみが漂っていました。

この金玉均の葬儀を日本の志士たちが東京本願寺で開いたとお話しましたが、その中心にいたのが孫文の辛亥革命をも支援した宮崎滔天《みやざきとうてん》です。この滔天の律義さは、金玉均の身の周りを世話していた杉谷玉《すぎたにたま》という女性が北海道にいることを知ると、わざわざ函館にまで出かけて哀悼の意を述べに行っているほどなのです。この女性は場末の酒場の女性であったとも芸者であったともいわれていますが、滔天がお悔やみを述べに出かけているほどですから金玉均とは深い男女の関係にあったと思われます。二人の間に子供がいたのかどうかまでは分かっていません。

青山霊園　金玉均の墓。外人墓地の十字架の墓に混じって立つ墓は桜の古木とともに目立つもの

この青山霊園には戦後日本の政治の舵とりをした吉田茂や緒方竹虎（玄洋社員）

の墓があると初めにお話をしました。この緒方竹虎は朝日新聞の記者から政治家に転身したのですが、政治の道に進むにあたっては同郷（福岡）の先輩であり、同じ朝日新聞の記者から政治家に転身した中野正剛《なかのせいごう》の勧めによるものでした。中野正剛は東條政権に反発する社説を朝日新聞に掲載したために憲兵隊による圧力を受け、自宅で割腹自決を遂げたのですが、緒方竹虎は東條英機からの供花を断り、「貴様（博多の方言でキサンと発音したのでは）、死んで東條に勝ったぞ！」と弔辞を述べ、その権力への反骨精神を示したのです。この中野正剛の葬儀において、東條英機は参列者を反東條派とみなすとして圧力をかけていたのです。青山霊園に隣接する青山斎場で行われた葬儀には閣僚、重臣、議会人、官僚、報道関係、労働者、学生などおよそ二万人が参加したというのですが、この中野正剛の葬儀は権力者東條に対する無言の抗議集会でもあったのです。

玄洋社員でもあった中野正剛は国家社会主義者というイメージが強いのですが、併合後の朝鮮においても大日本帝国憲法を施行し、日本人同様に朝鮮人も同等の権利が享受できなければならないと主張していました。政府の政策に反して、朝鮮独立論者でもあったのです。

奇しくも緒方竹虎の三男である緒方四十郎《しじゅうろう》の家人は国連難民高等弁務官を務めた緒方貞子ですが、その緒方貞子の曽祖父は犬養毅《いぬかいつよき》です。偶然とはいえ、青山霊園には犬養毅、頭山満の墓もあるとのことで、今でも、金玉均を囲んでアジアの平和と繁栄について賑やかに意見を戦わせているのかもしれません。

※犬養直筆の履歴書には「イヌカイツヨキ」と記されている。

Ⅱ　内戦からアジアへ

第二章　幕末から西南戦争まで

明治新政府は薩長土肥、とりわけ薩長政府と呼ばれるほどに薩摩藩と長州藩の勢力が顕著な政府でした。その新政府の政治権力の陰には虐げられた諸藩がありましたが、明治新政府の要職についた三条実美公を自藩内に迎えていたにもかかわらず、政府の中枢に座ることができなかった筑前福岡藩を描くことで、その後に続発した士族の叛乱、自由民権運動がどのような変化を遂げたかを述べています。

黒田長溥《くろだながひろ》の墓所から

最初に、青山霊園の外人墓地にある金玉均《きんぎょくきん》の墓所を探しに出かけたとお話をしました。広い霊園の中から目的の墓を探すには霊園事務所で事前に場所を確認するのがコツとも述べましたが、この時、ついでながらと霊園事務所の方が西南戦争に従軍した警視庁巡査の墓所もありますからと教えてくれたのです。明治十年（一八七七）二月、征韓論で下野した西郷隆盛と西郷を慕う私学校党生徒が挙兵し、その西郷軍の鎮圧に向かった政府軍との内戦が西南戦争です。

「抜刀隊」　作詞・外山正一　作曲・シャルル・ルルー

吾は官軍我が敵は天地容れざる朝敵ぞ
敵の大将たる者は古今無双の英雄で
これに従うつわものは共に慓悍決死の士
鬼神に恥じぬ勇あるも天の許さぬ反逆を
起こせし者は昔より栄えしためし有らざるぞ
敵の亡ぶるそれ迄は進めや進め諸共に
玉散る剣抜きつれて死する覚悟で進むべし

これは西南戦争に従軍した警視庁巡査のための「抜刀隊」という軍歌ですが、現在の明治神宮外苑にある国立競技場で昭和十八年（一九四三）に行われた出陣学徒壮行会で演奏された曲として記憶にあるのではないでしょうか。明治五年（一八七二）には陸軍省、海軍省が創設されているにもかかわらず、なぜ警視庁巡査たちが戦地に赴いたのだろうかと不思議でしたが、警視庁巡査たちは旧士族で構成されており、倒幕戦争などによって戦闘なれしているという理由から戦地へと送り込まれたのだそうです。警視庁に採用された巡査のなかには旧佐幕派士族（賊軍）もいて、戊辰戦争における朝敵の汚名を晴らす「かたき討ち」と称して戦地の鹿児島（薩摩）に向かった者もいたそうですから、この歌詞からも読み取れるようにその戦闘の激しさは想像を絶するものだったといわれています。

その西南戦争で戦死した警視庁巡査の共同墓地に至る途中、昼間でも薄暗い木立に囲まれ、石の鳥居が設けてある村の鎮守様のようなものが目につきました。

旧国立競技場。スポーツの聖地と言われ、近代スポーツの祭典東京オリンピックの会場でもあった

「何《なん》かいなこれ」と、ついてきた家人が間の抜けた博多弁で尋ねます。

「さあ、何やろかねえ」とつられて博多弁で返しながら、地図とパンフレットを見比べてどんな歴史上の人物なのかと名前を確かめましたが、記載はありません。なんとなく気になるので「失礼します」と一礼をしてその鳥居をくぐってみたのですが、正面の記念碑のようにそびえ立つ墓石の

青山霊園　黒田長溥の墓。墓所の入り口には石の鳥居までもがあり、まるで鎮守の森のように見える。右隣りには佐賀・鍋島家の墓があり、墓までも地続きとなっている

文字を追った瞬間、「あっ」という驚きの声が口をついて出ました。筑前福岡藩最後の藩主ともいわれる黒田長溥《くろだながひろ》の墓所だったのです。

　黒田長溥は文化八年（一八一一）三月、薩摩藩の島津重豪《しまづしげひで》の第九子として江戸で生まれ、黒田斉清《くろだなりきよ》の養嗣子として筑前福岡藩の第十一代藩主になった人物です。薩摩島津家の血を引いているだけにその蘭癖ぶりは有名で、藩主となるや福岡藩の軍制を西洋式（オランダ）に変える、玄界灘でのクジラ捕りにアメリカ式捕鯨を導入する、長崎に幕府海軍伝習所ができればすぐさま藩士を送り込む、精錬所や硝子工場を建て、オランダ医学の医学校「賛成館」を設けるという開明的な殿様でした。

「ここにあったったい（ここにあったのかあ）」と、つい、世が世であれば御手討ち者になってしまう無礼な言葉を吐いてしまいました。

「たまには、福岡の人間も墓参りに来《こ》いて言うて、呼ばれたっちゃないと」と、他人が聞いたら寒気を催す言葉を吐きながら、妙に感心しきりの家人。

福岡藩の藩政改革騒動である丑乙《いっちゅう》の獄《ごく》では藩の政治路線を見誤ったために幕末維新のバスに乗

り遅れた藩主だったのですが、黒田長溥の姉（茂子）は徳川十一代将軍家斉《いえなり》に嫁いでおり、幕府への遠慮もあってか藩内の意見を倒幕へと踏みきる決断を鈍らせたようです。幕末、佐幕か倒幕かで日本国内は対立していましたが、福岡藩においても藩の政治路線を巡る対立は激しく、最終的に黒田長溥は佐幕派を支持し、他藩の例にもれず倒幕派藩士を大量処分したのです。江戸幕府の強硬な長州処分に対して緩和措置を仲介し、薩長倒幕同盟のお膳立てまでしておきながら、倒幕派藩士を処分したことから筑前福岡藩は佐幕派とみなされてしまったのです。このことで維新後の新政府から福岡藩に対して要職就任を求める声はまったくかからず、黒田長溥は政治路線を見誤った不明を家臣に詫びるという一幕まであったそうです。しかしながら、処分された家臣とその遺族にとっては恨み骨髄の殿様だったのではないでしょうか。

維新後、黒田長溥は処分した藩士の子弟等に奨学金を付与して人材育成に努めたのですが、日露戦争の終結に向けてアメリカのセオドア・ルーズベルト大統領と交渉した金子堅太郎、日露開戦時の駐露公使であった栗野慎一郎、三井合名会社の理事長である団琢磨など、薩長閥が幅を利かせる明治新政府において外交、経済の分野で活躍する人材を輩出していったのです。この旧福岡藩閥の人材の流れは昭和の時代にまで引き継がれ、同郷の外務官僚山座円次郎の引きで外務省入りし、総理大臣を務めた広田弘毅《ひろたこうき》、東條英機に反旗を翻した衆議員議員の中野正剛、中野正剛の盟友で吉田茂の幕僚を務めた自由党総裁の緒方竹虎へと連なっていったのです。

この黒田長溥ですが、西南戦争が勃発したときには政府側の勅使である柳原前光《やなぎはらさきみつ》の副使として鹿児島入りを果たし、元薩摩藩主の父島津久光に対して西郷軍に加担するなと説得にかかったのです。さらには、西郷軍によって身動きがとれなかった鹿児島県令の大山綱良《おおやまつなよし》を長崎に連れ出し、内偵のために鹿児島入りをして捕らえられていた警視庁の密偵を解放することにも尽力しています。殺気だっている西郷軍といえども薩摩島津家の血を引く人物であるだけに、敵（政府側）とわかっていても黒田長溥の独断行動を止めることはできなかったそうです。

西南戦争における西郷軍蜂起のきっかけは大久保利通《おおくぼとしみち》が放った警視庁の密偵たちが「鹿児島入りの目的は視察《しさつ》」と答えたことを私学校党側が「（西郷隆盛の）刺殺」と聞き間違ったことが争乱の始まりといわれています。

しかしながら、この西南戦争の流れを見てみると、九州地方への出張という名目で警視庁巡査たちは部隊編制を命じられ、戦闘開始以前に福岡、佐賀、長崎、熊本へと上陸しているのです。熊本城では籠城に備えて食糧などを運び込み、西郷軍蜂起前には攻撃の陣形を整えていたというのですから、政府側が意図的に西郷軍に戦いをしかけたといっても過言ではないと思います。

復活の聖地・太宰府天満宮

西南戦争に従軍した警視庁巡査の墓所に行く途中で筑前福岡藩主であった黒田長溥《くろだながひろ》の墓所に出くわしたことに随分と驚きましたが、それというのも筑前福岡藩主の墓の多くは筑前博多の崇福寺《そうふくじ》か東長寺《とうちょうじ》に設けてあるからです。明治時代の廃藩置県後には全国の旧藩主が東京に集められたとはいえ、黒田長溥自身、死後に旧家臣の恨みによる墓荒らしがあるのではと恐れ、筑前福岡藩領内に墓所を定める事を望まなかったのではないでしょうか。さほど、黒田長溥にとって丑乙《いっちゅう》の獄《ごく》は取り返しのつかない政治的汚点となり、志半ばで処刑された家臣にとってその無念はいかばかりかと思います。その黒田長溥の政治的判断を迷わせた要因は学問の神様である菅原道真公を祀っている太宰府天満宮にあったのです。

天神様こと菅原道真公を祀った天満宮は日本全国に多々ありますが、そのなかでも太宰府天満宮は道真公の霊廟地として知られています。その始まりは昌泰四年（九〇一）に左大臣藤原時平の讒《ざん》言《げん》によって右大臣であった菅原道真公が大宰権帥《だざいのごんのそつ》という役職に降格左遷させられたことからはじまります。筑紫の国大宰府（現在の福岡県太宰府市）に配流されたものの、京の都に戻ることもなく延喜三年（九〇三）二月二十五日、道真公は五十九歳で大宰府の地で薨去《こうきょ》されました。その道真公が葬られた場所が現在の太宰府天満宮の本殿になります。もともと安楽寺天満宮と呼ばれていた太宰府天満宮ですが、明治維新後の神仏分離令によって太宰府神社と名称を変え、その後、現在の太宰府天満宮という名称に落ち着いたのです。

祀られている菅原道真公には数々の伝説がありますが、その代表的なもののひとつに右大臣から大宰権帥に左遷降格されたものの、死後とはいえ正一位太政大臣、南無天満大自在天神という尊称が朝廷から追贈され、名誉の回復を成し遂げられたことでしょうか。もともと文章博士《もんじょうはかせ》として優れた学識を認められた方ですので学問の神様として崇められるにふさわしい経歴があるのですが、この学問で身を立てたということから入学試験間近になると受験生がご利益にあやかろうと日本全国から集まってくるようになったのです。個人的には合格祈願のみならず、太政大臣にまで昇進したことから名誉の回復にもご利益があるのではと思っているのですが、どう判断されるかは願い事をされるかたの都合しだいでしょう。

この名誉の回復については菅原道真公のみならず檀ノ浦の合戦で敗れた平家の一団が復活を祈願して戦勝祈願に訪れています。室町幕府を開いた足利尊氏《あしかがたかうじ》もこの太宰府天満宮から再起していることから復活祈願の社であることが窺えますが、武家と太宰府天満宮という繋がりを不思議に思われる方は多いようです。

その復活の聖地としての言い伝えは古人の迷信なのだろうと思っていたのですが、意外にも風水思想において証明されていました。太宰府天満宮の近くにある大宰府政庁跡は日本初の風水《ふうすい》思想に基づいて築かれた都市といわれています。この太宰府の地は中国大陸、朝鮮半島からのパワーが流れる龍脈上にあり、そのパワースポットである龍穴《りゅうけつ》が太宰府天満宮といわれています。この龍穴は陰陽《おんみょう》の陽の気が集まるところといわれ、立身出世や試験に合格するポイントといわれています。今まで、菅原道真公の学問の才能にあやかっての合格祈願と思っていましたが、風水上においても試験合格、立身出世の理に適っていることを知り、合格祈願などというのは迷信、迷信とバカにしていましたが、今思えば、受験のとき、真面目にお願いしておけば良かったと後悔しています。

さきほど、黒田長溥の墓所に遭遇した話をしましたが、友人から聞いた墓荒らしの事を思い出しました。友人は谷中《やなか》霊園に隣接する上野寛永寺の霊園でアルバイトをしていました。ここには徳川家に連なる方々の墓所が多くありますが、専属の墓守がいるので仕事は霊園内の清掃と見回りぐらいだったそうです。身内の紹介ということもあって、羨ましいことに、非公開の天璋院篤姫《てんしょういんあつひめ》の霊廟を清掃がてら見せてもらったこともあるそうです。ときに、霊園内の草むしりをしていると参拝者が「御苦労さま」といってポケットに小遣いをねじ込んでいったりと、さすがに徳川家に連なる方々はリッチだなあと思っていたそうです。ところが、たまに恨みをもった輩が墓石を倒して逃走することがあり、今でも空手の師範を務める友人は身元まで調べられた上でのアルバイトの実態が何であったかを理解したそうです。

筑前博多に墓所を作らず、青山霊園のパンフレットにも墓所のありかを示していない黒田長溥の末裔の方々は、やはり、丑乙《いっちゅう》の獄《ごく》で処分された旧福岡藩関係者による墓荒らしを恐れているのでしょうか。

ちなみに、筑前、博多、福岡と地名が複雑に入り組んでいることに疑問を抱かれる方がおられますが、筑前は現在の福岡県北部の旧名称、博多は商人が支配した福岡市東部、福岡は黒田氏が入国して開発された福岡市西部の地域を指します。政治体制や時代によって地名が複雑に変化したのですが、ダダグサ者《もん》（古い博多の方言でなまけ者の意）の福岡・博多の人間は自分の都合の良いように地名を使い分ける傾向があるようです。

東叡山寛永寺　根本中堂。旧幕臣（彰義隊）が官軍との戦いで拠点にしたが、大村益次郎が操るアームストロング砲によって粉砕された。東叡山とは東の比叡山という意味

寛永寺天璋院篤姫の霊廟門。寛永寺第三霊園にあるが、墓は非公開のため、門前に写真が展示されている。若い女性が多く参拝していた

「七卿落ち」から「太宰府移転」へ

福岡藩主黒田長溥の政治的判断を迷わせたという太宰府天満宮ですが、福岡市の中心地である天神から西鉄（西日本鉄道）電車の特急で三十分とかからない場所にあります。西鉄二日市駅で支線の太宰府線に乗り換え、わずか二駅の終点太宰府駅の改札口を出るとすぐに天満宮の参道へとつながっています。石畳のゆるい坂道の両脇には賑やかな土産物屋や茶店がずらりと並んで迎えてくれますが、幕末のころ、この参道を西郷隆盛や坂本竜馬も歩いたと言ったら驚かれるのではないでしょうか。まさか、西郷さんや竜馬までもが合格祈願や立身出世のために訪れたのかと思われるかもしれませんが、彼らの目的は「さいふまいり（太宰府天満宮参詣のこと）」と称しての「延寿王院《えんじゅおういん》」詣ででした。

かつて安楽寺天満宮と呼ばれていた太宰府天満宮に菅原道真公が祀られたことはお話ししましたが、天暦元年（九四七）には道真公の子淳茂《あつしげ》の次男・平忠《ひらただ》が安楽寺天満宮の別当職として大宰府に下り、以後、道真公の系譜が墓所を守るようになりました。その安楽寺天満宮の僧や参詣人の宿坊として設けられた施設が「延寿王院」です。天保五年（一八三四）八月に棟上げをしたという格式のある門に築地塀といわれる高位の方の邸だけに用いられる塀を構え現在に至っていますが、参道を上り詰めた真正面に建っているにもかかわらず、誰もその存在に気が付きません。この延寿王院には西郷隆盛をはじめ、高杉晋作、中岡慎太郎、田中光顕《たなかみつあき》、土方久元《ひじかたひさもと》、佐佐木高行、大山巌《おおやまいわお》、村田新八、伊藤博文、木戸孝允《きどこういん》、僧月照、江藤新平など、薩摩、長州、土佐、肥前の維新の志士たちが去来したといわれ、幕末維新のヒーロー「坂本竜馬」も訪れたと邸の前の案内看板に記してあります。

太宰府天満宮延寿王院。滞在する三条公を訪ねて維新の志士たちが去来した。時にはここで鉄砲の訓練もした

この明治維新の志士たちと太宰府天満宮の「延寿王院」との結びつきについては、邸の前に建てられている「七卿記念碑」がそのいわれを語ってくれています。

正二位中納言三條西季知《さんじょうにしすえとも》、従三位中納言三条実美《さんじょうさねとみ》、正四位左近衛少将東久世通禧《ひがしくぜみちとみ》、正四位下修理大夫壬生基脩《みぶもとなが》、従四位下侍従四條隆謌《しじょうたかうた》、従四位下右馬頭錦小路頼徳《にしきのこうじよりのり》、正五位下主水正澤宣嘉《さわのぶよし》の尊皇攘夷派公卿七人が文久三年（一八六三）八月十八日の公武合体派のクーデターによって京の都から放逐され、尊皇攘夷派公卿を支持する長州藩へ落ち延びたと説明しています。いわゆる「七卿落ち」として今に語られる政変のことです。

さらには、元治元年（一八六四）六月十六日、長州藩士と三条実美公等を警護して長州へと西下した真木和泉守保臣《まきいずみのかみやすおみ》を中心とする脱藩浪士等がともに上洛を試みます。攘夷の嘆願と長州藩主の冤罪に対する許しを朝廷に訴えるためですが、京都守護職の会津藩、薩摩藩の圧倒的勢力の守備隊によって長州藩兵たちは退けられてしまったのです。この上洛の挙兵の際、長州藩は京都御所の禁門（蛤御門）に砲門を向け、禁裏（皇居）を血で汚したとして朝敵という汚名を着ることになったのです。

この変の解決策として幕府は長州に留まっている三条実美公等五卿を一人ずつ他藩へ移動させるという案を申し入れましたが、征長総督参謀の西郷隆盛と黒田長溥の意を受けた福岡藩の月形洗蔵《つきがたせんぞう》、早川養敬《はやかわようけい》（勇）たちの斡旋により五卿は共に太宰府へと移転することになったのです。この五卿の太宰府移転については、大宰府へ流されたものの、後に名誉を回復し官位を上げた菅原道真公の故事にならってはいかがと筑前勤皇党（尊皇攘夷派）の月形洗蔵が三条実美公に強く勧めたからといわれています。

福岡市中央区天神にある水鏡天満宮。鳥居の扁額は広田弘毅の手跡といわれる

しかしながら、当時の延寿王院主の大鳥居信全《おおとりいしんぜん》と三条実美公の父である三条実万《さんじょうさねつむ》公とは従兄弟同志であり、心情的にも太宰府の延寿王院であれば通信手段も確保できて安心と五卿は判断したのではないでしょうか。

当初七名で長州に西下した公卿のうち、澤宣嘉卿は福岡藩の脱藩浪士である平野國臣《ひらのくにおみ》とともに但馬生野《たじまいくの》（現在の兵庫県朝来市生野町）の幕府代官所を襲撃して失敗し逃走、錦小路頼徳卿は長州に西下した後に病没したため太宰府にまで至ることができませんでした。

この澤宣嘉卿と平野國臣とが襲った生野の代官所ですが、およそ一二〇〇年前に開発が始まった銀鉱山であり、織田、豊臣、徳川の権力者たちが直轄管理したところです。坑道の総延長は三五〇キロにもなり、このことから銀の埋蔵量がどれほど豊かであったかという証になりますが、澤宣嘉卿たちの生野代官所制圧の隠れた目的は軍資金の強奪だったのではと思います。

生野銀山で思い出しましたが、青山霊園には生野生まれの画家和田三造の墓があります。家族とともに福岡市に移り住んだ後、地元の中学修猷館《しゅうゆうかん》（現在の福岡県立修猷館高校）から画家の黒田清輝に師事して印象的な絵画を多く残した人物なのですが、画家でありながら柔道を愛する玄洋社員という一風変わった経歴の人です。

なお、福岡市の中心地である天神《てんじん》という地名は菅原道真公が京の都から博多（この時代、黒田氏は入国していませんので博多です）に着いた場所ということで天神様こと道真公にちなんでついたものです。オフィス街のビルとビルとの狭間に「水鏡天満宮」という道真公を祀った小さな神社が今でも鎮座しています。

維新の策源地「延寿王院《えんじゅおういん》」

この三条実美公を筆頭とする五卿の太宰府西下については「延寿王院」前の「七卿記念碑」のレリーフから落武者を想像していたのですが、実際には脱藩浪士等四一名、馬取小者二五名が付き添って三条実美公等を警護しています。脱藩浪士の内訳としては、久留米藩、土佐藩、水戸藩、膳《ぜ》所《ぜ》藩ですが、なかでも土佐藩が十二名ともっとも多く、これは三条実美公の母が土佐山内家第十代藩主山内豊策《やまうちとよかず》の娘紀子《もとこ》であった関係と思います。この土佐藩の脱藩浪士のなかには後の宮内大臣を務めた土方久元《ひじかたひさもと》、坂本竜馬と一緒にいるところを襲われ命を落とした陸援隊の大山彦太郎道正こと中岡慎太郎も含まれていました。著名な幕末の志士たちが太宰府を訪ねてきていることは『中岡慎太郎陸援隊始末記』に「筑前太宰府」という章が設けられ志士の往来があったと記されているのですが、一般にはあまり知られていません。極秘の行動のために詳細な文書が残っていないこと、志士たちが変名を使って行動したということもあるのですが、明治維新の勝者である薩長政府の歴史からは意図的に除外されたものと思います。

また、久留米藩を脱藩した四名の浪士が三条実美公に従っていましたが、その中には鏡《かがみ》五郎《ごろう》こと真木外記《まきげき》が含まれていました。真木外記は禁門の変での戦いに敗れ、京都山崎の山中で自決した真木和泉守保臣《まきいずみのかみやすおみ》の一番下の弟になります。

加えて、これら五卿につき従った脱藩浪士以外にも福岡、薩摩（鹿児島）、肥後（熊本）、肥前（佐賀）、久留米（福岡）の各藩から警護役が派遣され、延寿王院周辺の守りを固めていました。その守備隊の人数は各藩の職制の捉え方が異なるために正確ではありませんが、少なく見積もっても総勢一五〇名以上はいたようです。これら諸藩の警護役たちは延寿王院に隣接した太宰府天満宮の社家《しゃけ》を宿舎としていますが、その社家の一つには真木和泉守保臣の弟である登（氏就）が養子にいった小野加賀邸もあり、真木和泉守保臣が久留米藩士であったことから久留米藩の宿舎にもなっていたようです。真木外記も実兄の側にいることで大きな安心を得たと思うのですが、これら警護役と幕府の捕吏とが対峙する延寿王院周辺は相当な緊迫感に包まれていたことと思います。そんな緊張した空気が流れる中、大島三右衛門と名乗る西郷隆盛は倒幕の密議のために「延寿王院」の三条実美公を訪ねて来ていたのですが、いくら変名を使っても巨体といわれた西郷さんは目だってしかたなかったのではないでしょうか。

「通りゃんせ」　作者不明

とおりゃんせ　とおりゃんせ
ここはどこのほそみちじゃ　てんじんさまのほそみちじゃ
ちょっととおしてくだしゃんせ
ごようのないものとおしゃせぬ
このこのななつのおいわいに　おふだをおさめにまいります
いきはよいよい　かえりはこわい
こわいながらも　とおりゃんせ　とおりゃんせ

現在の太宰府天満宮からは殺伐とした雰囲気を感じることはありませんが、菅原道真公の左遷にあたっては藤原時平の放った刺客が大宰府にまで送り込まれていたそうです。道真公の子である菅宰相、千代丸兄弟も刺客から逃れるために九州山地の平家落人の里としても知られる五家荘《ごかのしょう》に逃げ込んだとのことです。その子孫は左座《ぞうざ》姓に名を変えてそのまま住み着いているとのことです。

幕末、刺客や捕吏に取り囲まれた延寿王院の三条実美公を訪ねて志士が去来しましたが、童謡「通りゃんせ」の歌詞そのままのおそろしい場所だったのです。

この太宰府天満宮の本殿へと続く参道脇に薩摩藩指定の旅館であった「松屋」が今でも土産物屋として店を開いています。薩摩藩指定の宿舎であったことを示す看板が掲げられていますが、色とりどりの土産品に埋没してしまって誰も気が付きません。これは、学問の神様としての太宰府天満宮という先入観が維新の策源地という視点を曇らせてしまうのでしょう。

《太宰府のお石の茶屋に餅食えば旅の愁ひもいつか忘れむ》

これは与謝野鉄幹、晶子が主催する『明星』で歌人としてデビューした吉井勇が太宰府を訪れたときに詠んだ一首ですが、吉井勇の場合は維新の策源地太宰府というよりも菅原道真公の詩文の才にあやかろうとして訪れたのだと思います。その吉井勇の墓所は青山霊園第六号一種イ四側四番にあります。

交易の地「博多・太宰府・宗像」

学問の神様という印象が強いためか、太宰府天満宮を倒幕維新の策源地として見る方は多くありません。のみならず、この太宰府の地に大陸や半島との外交、貿易を司る朝廷の出先機関があったことに関心が及ぶ人も少なくなりました。太宰府天満宮から西南西の方向二キロほどのところに朝廷の役所跡である大宰府政庁跡に至るのですが、今は建物があったことを示す礎石のみを残す原っ

福岡県太宰府市の大宰府政庁跡。半島や大陸の侵攻に備えて内陸部に設けられた別名「遠の朝廷」とも呼ばれた役所跡

ぱです。菅原道真公はこの大宰府の長官職として赴任を命じられたのですが、流罪ということで一度も登庁することはありませんでした。別名、遠《とお》の朝廷《みかど》とも呼ばれた大宰府政庁ですが、平氏の頭目でもあった平《たいらの》清盛《きよもり》も大宰府の長官職代理である大宰大弐《だざいのだいに》という役職を得ています。現地の大宰府に赴任はしていないものの、交易という利権を中央からコントロールするために必要な役職だったのです。

大宰府に朝廷の外交・貿易を管理する役所が設けられたのは地勢的に朝鮮半島や中国大陸に近いだけではなく、博多湾という天然の良港を控えていることからも選ばれたのだと思います。交易によって莫大な利潤を挙げられることは宗像《むなかた》族という大宰府に隣接する地方豪族が強大な権力を有していたことからもわかりますが、この宗像族の本拠地は現在の福岡県宗像市、福津市一帯になります。ここは、平成二十九年（二〇一七）に世界遺産に登録されましたが、大陸や半島との交易によって宗像族は絶大な勢力を誇っており、地方豪族でありながら朝廷からも一目置かれる存在だったのです。登録リストの一つである沖ノ島は島が丸ごと宗像大社の神域として保護されていたこともあり、未発掘の史跡が多く、年代も数量も正確には分かっていません。ここで発掘された純金製の指環などを九州国立博物館で見たことがありますが、これとて一部でしかなく、交易によって保持していた財政的勢力がどれだけのものであったのか、計り知れません。朝廷としても宗像族と同じように交易による利潤を得たいがために大宰府に役所を置き、博多湾を貿易拠点として莫大な利益を上げようと考えていたのかもしれません。

時代は下っても、この貿易による利権獲得を巡って西国大名、戦国大名等によって博多の地の争奪戦が繰り広げられましたが、これは国内の有力者だけではなく、元寇による他国の侵略を受けたことからも容易に想像できます。大宰府に外交拠点の窓口があるというだけではなく、交易による豊富な資産が保管されているという理由でモンゴル軍は襲来したと言われていますが、博多の地には日本で最初の銀判、金判の鋳造所が設けられたことから、古くからここには金や銀が集積されていたようです。元寇にとって、博多を二度にわたって侵略したのも、東南アジア地域への侵略拠点、貿易による資産を一挙に押さえることができる一石二鳥の地と考えたからではないでしょうか。

先ほどの宗像に関することですが、あるとき、船舶の海上保険を扱っている方が「そうだったのか」と突然大きな声を出されて驚いたことがあります。宗像方面を走るバスに乗っていた時のことでしたが、取引先である出光《いでみつ》興産の事務所を訪ねると決まって宗像大社のお札があることに不思議でしかたなかったそうです。宗像大社は三柱の女性海神を祀っていますが、出光興産の創業者である出光佐三《いでみつさぞう》が宗像の出身であることから宗像大社のお札を祀っていた理由が分かったと納得されたのです。敗戦国日本での経済復興に欠かせない中東の石油を満載した出光興産のタンカーはまさに宝船ですが、出光佐三の出身地というだけではなく、宗像大社のお札には航海の安全を祈願するという意味も含まれていたと思うのです。

この出光佐三は敗戦によってその日の食事にも事欠く昭和二十年代、GHQからの公職追放を受けて不遇であった同郷の緒方竹虎を料亭でもてなし、その緒方の友人にまで腹いっぱいの出張サービスの寿司を食べさせたというエピソードを持っています。交易で栄えた宗像大社のご利益は相当な効果をもたらしていたという証拠なのではないでしょうか。

その緒方竹虎の墓は青山霊園第五号一種イ十七側一番にありますが、周囲に居並ぶ墓石に埋もれてしまいそうな感じのものです。墓碑は吉田茂の手跡といわれているのですが、墓石には「吉田茂筆」と彫られたものは見出せず、真偽のほどは不明です。

戦国大名の争奪地「博多」

さきほど、戦国大名が博多・太宰府の地を狙っていたと話しましたが、織田信長から天下統一を引き継いだ豊臣秀吉も九州平定後、博多に入港した南蛮船の船上から博多の街の隆盛を見てとり、海外へと飛躍する拠点にしようと考えていたようです。九州平定における豊臣秀吉軍の参謀長格として博多に赴いた黒田如水《じょすい》（官兵衛）は秀吉から博多復興の基礎を固めるように命じられ、如水は戦乱によって焼け残っていたかまどの数から都市としての博多の町の規模を計算し、区画整理に基づく都市再開発を行ったのです。これが、今に残る博多の「太閤町割り」ですが、すでにこの時点で黒田如水（官兵衛）は博多・太宰府を手中に収めるための算段をしていたのではと思えるのです。

残念なことに、黒田如水は博多復興の基礎作りをしておきながら九州豊前の領主として配置され、博多の町は小早川隆景《こばやかわたかかげ》が領主として支配しました。しかしながら、天下分け目の関ケ原の戦いでは東軍に加担し、黒田氏には石高の多い領地を与えるとの徳川家康の申し出を蹴ってまでも博多・太宰府のある筑前領を望んだそうです。「智謀湧くが如く」と称された黒田如水ですので、博多を拠点に交易で隆盛し、新たな天下取りのプランを練っていたのかもしれません。

慶長八年（一六〇三）、関ケ原の戦いに勝利した徳川家康は江戸に幕府を開くこととなり、以来、二百五十年の長きにわたって徳川氏による盤石な幕藩体制が維持されてきました。しかしながら、嘉永六年（一八五三）にはアメリカのペリー艦隊が浦賀に、ロシアのプチャーチンが長崎に来航して日本との通商を求めてきたことから翌年の安政元年（一八五四）には日米和親条約、続いて日英、日露和親条約が締結され、限定的ではあるものの、日本は開国へとその門戸を世界に開いたのです。

三条実美公をはじめとする五卿が延寿王院に辿り着いたのは慶応元年（一八六五）二月十三日のことです。幕府が開国を決定してから十年余の間にも諸国は尊皇攘夷派、尊皇開国派、佐幕攘夷派、佐幕開国派と複雑に意見が対立しましたが、このことは五卿が滞在する筑前福岡藩においても同じでした。幕府の二五〇年にわたる鎖国体制は海外と積極的な貿易を行ないたいという藩祖黒田如水の意向を受け継ぐどころか、このときの福岡藩は思想的に事なかれ主義がはびこる藩へと転落していたのです。

戦国大名にはクリスチャンが多いのですが、藩祖黒田如水も「シメオン」というクリスチャンネームを持っていました。これはアブラハムの曾孫になる十二の部族長（十一という説もある）の名前の一つであり、如水の「シメオン」というネームにはひとつの部族の長という意味が込められていたのではないでしょうか。その黒田氏の居城である福岡城が完成する間、黒田如水は太宰府天満宮に身を寄せ茶の湯を楽しみながら過ごしていますが、今でもその名残として境内には黒田如水愛用の「如水の井戸」があります。完成した福岡城の石垣には如水の希望だったのか、十字が刻まれたものがあったとか。幕府によってキリスト教が禁教になった後、彫られていた十字を臣下が卍に彫り変えたといわれていますが、クリスチャン黒田如水にとって、太宰府天満宮に身を置くことは天下人家康からの政治的、宗教的な無用の嫌疑を避ける意味があったのかもしれません。

青山霊園の外人墓地は明治十年（一八七七）十月五日付で当時の内務卿大久保利通の許可によって設けられました。政府が許可した外人墓地ですので、堂々と十字架の墓石が林立していますが、十字を卍に彫り変える必要のない様子を黒田如水はどのように見るのか興味のあるところです。

福岡藩の乙丑《いっちゅう》の獄《ごく》

明治新政府においては薩摩、長州、土佐、肥前の雄藩が政府の要職を占めたといわれていますが、とりわけ薩長政府といわれるほどに薩摩、長州出身者が権限を握っていました。なかでも陸の長州、海の薩摩といわれるほど陸、海軍においての藩閥は顕著で、とりわけ陸軍においての長州閥は絶大でした。長州閥でなければ陸軍のトップグループに参入するのは極めて困難といわれるほどでしたが、このことは明治維新から半世紀以上も経過した昭和十一年（一九三六）の二・二六事件という軍事クーデターにまで続いていました。長州閥の排除と政治刷新を目的に陸軍の若手将校たちが決起したのですが、いかに政治権力と軍部の力が薩長に集中していたかの現れではないでしょうか。

唯一の例外は、長州出身の乃木希典《のぎまれすけ》ですが、青山霊園第十号一種口二十六側四、五番にその夫妻の墓所があります。「乃木将軍通り」という通りを示さなければならないほど霊園のメインストリートから外れた場所にあり、ともに自決した夫人（薩摩出身）ともども、もう昔のことだから静かにしておいて欲しいという印象を受けます。

尊皇攘夷派公卿である五卿を福岡藩領の太宰府に迎え、薩長同盟のお膳立てをしたにも関わらず、福岡藩からは誰ひとりとして明治新政府に迎えられた者はいません。唯一の例外は徴士《ちょうし》という各藩割り当ての参与職が早川養敬《はやかわようけい》（勇）に求められましたが、これとて三条実美《さんじょうさねとみ》公の強い意向が働いた結果です。倒幕か佐幕かで意見が分かれた福岡藩でしたが、佐幕派によるクーデターから倒幕派（筑前勤皇党）が退けられ、藩主黒田長溥も佐幕派を支持したことから維新のバスに乗り遅れたのです。維新後の筑前福岡藩に対しての薩長政府の対応は冷酷を極めましたが、このことは明治、大正の政界の黒幕といわれた杉山茂丸《すぎやましげまる》が実力も伴わずにコネだけで権力を振り回した薩長に対する恨みつらみを著作の中で述べているほどです。

福岡藩における倒幕派（尊皇攘夷派）リーダーとしては家老の加藤司書がいましたが、五卿を太宰府に迎えるにあたっては藩主の名代となるほどの実力者です。五卿警護の実行部隊長としては三条実美公を太宰府へと強力に導いた月形洗蔵《つきがたせんぞう》が身辺世話役として延寿王院に詰めるというものでした。この時、黒田長溥《くろだながひろ》も幕府の長州征伐回避の斡旋を行い、紛争を治める政治的手腕をみせていますから薩長両藩の福岡藩に対する政治的依存、期待はいやがおうにも高まるものでした。幕府は水戸筑波党の叛乱を抑え、斬罪に処した後には第二次長州征伐を計画しており、このことから五卿を太宰府に迎えた黒田長溥は幕府の処罰を受けるのではと過敏になり、藩政を乱したという理由で加藤司書等筑前勤皇党を処罰してしまったのです。薩長からすれば、黒田長溥が用意してくれた倒幕の梯子を登ったものの、その梯子を黒田長溥に外されたようなもので、騙し討ちと思われてもしかたのないことでした。ましてや、島津斉彬《しまづなりあきら》を薩摩藩主とすべく幕閣に運動した黒田長溥の仕業ですから、維新後の福岡藩に対する処置は可愛さ余って憎さ百倍だったのではないでしょうか。

慶応元年（一八六五）十月二十五日、加藤司書以下七名が切腹、月形洗蔵以下十四名が斬首、その他は流刑、幽囚など総勢百四十名もの大量処分者を出すことになり、ここに筑前勤皇党は壊滅しました。延寿王院の三条実美公は土方久元を遣わせ、加藤司書等の助命嘆願を乞うたのですが、叶わなかったとのこと。この福岡藩の政治事件は幕末史からは消し去られていますが、「乙丑《いっちゅう》の獄《ごく》」として福岡藩政史には長く刻まれることになったのです。

薩長の手を握らせ、薩長筑同盟によって倒幕を成し遂げるというのは福岡藩の月形洗蔵、早川養敬（勇）等のシナリオに沿ったものでしたが、このことは先に述べた丑乙の獄によって潰えてしまいました。早川養敬は庄屋身分（医師）であったためか偶然なのか、およそ三年近くの幽囚（牢居生活）で終わっていますが、月形洗蔵などは士分を剝奪された上で一介の罪人として斬首されています。武士にとってこれほどの屈辱はないと思うのですが、「われら同志の如き正義の士を誅するは不当である。かかる順逆を弁《わきま》えざる藩府は滅亡寸前にあり」と月形は刑の宣告を受けた直後に大声で罵ったといいます。

さらに、処刑の直前には二回「三年の内、筑前は黒土となるであろう」と叫んだそうですが、まさに、月形洗蔵の予言どおりの福岡藩となったのです。この月形の言葉を読んだとき、二・二六事件の首謀者の一人である磯部浅一を思い出しました。月形と同じく陸軍士官としての身分を剝奪されての銃殺刑だったのですが、獄中、監視兵の目を盗んで書き残した遺書には天皇陛下（昭和天皇）に対しての諫言が並び、その言葉は月形が叫んだ内容に似通っているなと感じました。福岡藩と日本国という違いはあっても、国を思う心が受け入れられない時、思いが深ければ深いほど、恨みというよりも言葉は憎しみに変わるものなのだと思います。

青山霊園の周辺は二・二六事件で決起した青年将校たちが盛んに事前運動で歩き回った場所です。明治の近代化から世界と対立した昭和の時代を経ても、青年将校たちの愛憎渦巻く場所なのではと想像を巡らしながら霊園の中を歩いたものでした。

野村望東尼と高杉晋作

元治元年（一八六四）十二月十二日、福岡藩の月形洗蔵と早川養敬（勇）の仲介で薩摩の西郷隆盛、長州の高杉晋作との会談が馬関（現在の山口県下関市）で行なわれ、ここに薩長同盟の話し合いが始まりました。この薩長同盟については土佐の坂本竜馬の尽力が大きいと現在にまで伝わっていますが、実のところ福岡藩の月形洗蔵と早川養敬によってシナリオが書かれ、「乙丑の獄」によって潰えたプランです。太宰府の延寿王院にいる土佐脱藩浪士の土方久元、中岡慎太郎を経由して坂本竜馬に引き継がれたものなのです。

幕末期、日本全国の尊皇攘夷派志士、浪士が処分されましたが、この「乙丑の獄」において特異なのは女性も処分を受けたことです。福岡藩の尊皇攘夷思想の指導的立場にあった野村望東尼《のむらぼうとうに》がそれになるのですが、長州藩の藩政改革に失敗して福岡藩領に逃れてきた高杉晋作に密談の場所としてかつての住居であった「平尾山荘《ひらおさんそう》」を提供したことが処分の対象でした。

この野村望東尼は女性ということで玄界灘に浮かぶ姫島に流刑となったのですが、三条実美公が太宰府に遷居した折には三条公との謁見を求めて延寿王院の塀に梯子をかけてまで侵入しようとしたほど元気な尼さんです。いくら気丈な尼さんというものの、玄界灘の寒風を遮る板壁も無い牢につながれていたのですから、この処分は時間をかけて命を奪う極刑に等しい処罰でした。幸い、高杉晋作の策により配下の奇兵隊士等が救出し、長州へと逃れることができたのは不幸中の幸いというものでしょう。

《おもしろき　こともなき世をおもしろく》
《すみなすものは　心なりけり》

高杉晋作は志半ばで病没してしまったのですが、辞世の上の句を高杉が詠み、下の句を歌人でもあった野村望東尼が詠んでいます。

「おもしろいのう……」、これが高杉晋作の最期の言葉です。

病気とはいえ、志半ばで亡くなった志士とは思えない最期の言葉ですが、野村望東尼によって仏教でいうところの諦観思想が植えつけられていたのでしょうか。

青山霊園　佐佐木高行の墓。墓所の側には桜の古木があり、そこから伸びた枝が墓石を包み込んでいる

幕末期に「延寿王院」を訪れた志士の中に佐佐木《ささき》高行《たかゆき》という名前があります。佐佐木は板垣退助、後藤象二郎とともに土佐三伯《さんぱく》と呼ばれ、維新後に伯爵位に叙せられた土佐《とさ》上士《じょうし》の一人です。同じ武士とはいえ身分的に下になる土佐郷士《とさごうし》の武市《たけち》半平太《はんぺいた》が興した土佐勤皇党を支援し、坂本竜馬に付添って大政奉還の建白を土佐藩主山内容堂公に勧めたことで知られています。明治新政府においては参議兼

工部卿を経て宮中顧問官、枢密院顧問官などを歴任していますが、大正天皇の教育にも関わった人物です。

青山霊園第二十一号一種イ八ー九側九番にその墓がありますが、そばには見事な桜の古木が立っています。幕末史、維新史において華やかな活躍をみせた人物という印象はありませんが、静かに佇む墓を桜の枝が包み込むように覆いかぶさり、季節にはさぞかし見事な桜花が故人を慰めるのだろうなと思いました。

福岡藩の倒幕戦争（戊辰戦争）

慶応四年、明治元年（一八六八）正月三日、薩摩を追討する上表を持たせて徳川慶喜《とくがわよしのぶ》が大軍を上京させたことから鳥羽・伏見において薩長連合軍と幕府軍との間に戦闘が起こりました。この政局の変化に福岡藩主黒田《くろだ》長溥《ながひろ》は佐幕派の家老を船便で上京させて状況視察を命じたのですが、佐幕派の筑前福岡藩に用は無いとばかりに上京どころか大坂の地への上陸を薩長倒幕軍から拒否され、この佐幕派家老たちは役目を果たせぬままに福岡へと引き返してきているのです。

政治状況が判断しかねる中、正月二十六日に福岡藩にも倒幕軍編成の命令が降りたことで中老の矢野安太夫を隊長とする倒幕軍四〇〇名が上京し、追って百五十三名を増員し上京させています。さらに、有栖川宮熾仁親王《ありすがわのみやたるひとしんのう》からの兵員増強を求められ、ついには志願兵までを増援部隊として送り込むのですが、その一隊が「勇敢隊」と呼ばれる神官、僧兵、農民を主体とする五〇〇名から八〇〇名の雑兵部隊でした。そのほか、次代を担うべき福岡藩の幹部候補生である越智《おち》彦四郎《ひこしろう》を代表とする「顕勇隊」三〇〇名、今村百八郎《いまむらももはちろう》を代表とする「就義隊」二〇〇名、庄野五兵衛《しょうのごへい》を代表とする「遊撃銃隊」三〇〇名などが参戦しています。その総数はおよそ四〇〇〇名と形の上では大藩に応じた倒幕軍を出すことができたのですが、「乙丑の獄」によって失った人的損害は大きく、少年と呼んでもおかしくはない兵士までもが参戦しなければならなかったのです。

　この倒幕戦争（戊辰戦争）に参戦したことで福岡藩は尊皇倒幕の意志を明確にし、「乙丑の獄」における佐幕派という汚名返上に奮戦したのですが、「勇敢隊」などは他藩の弾よけ部隊として最前線に送られるなど、福岡藩士に対する扱いは惨憺たるものでした。倒幕軍に加担しての戦功は認められず明治新政府からは出仕の声すらかかりませんでしたが、「乙丑の獄」によって人材が払拭し、新政府にとって求めるべき人材が居なかったというのが真意のようです。

　この倒幕戦争（戊辰戦争）の折、わずか十六歳だった平岡浩太郎《ひらおかこうたろう》も筑前福岡藩の藩兵として参戦しています。

　あるとき、平岡が福岡藩邸のあった霞が関（官庁の代名詞でもある東京霞が関）からほど近い桜田門（現在の警視庁があるところ）で歩哨をしているとき、乗馬のまま無言で江戸城に登城する者をみつけたのです。

「誰だ」と誰何《すいか》すると、

「西郷だ」という返事。

　誰もが知っている征討軍の実力者西郷隆盛を他の歩哨は無言で通過させていたのですが、西郷隆盛と分かっていながら「何者だ」と訊問する若き日の平岡の豪胆さには驚くばかりです。下城の際、西郷さんはこの平岡の誰何を咎めるどころか「歩哨は大事な職務だ」とその忠実さを褒め、平岡を自邸にと招いているのです。西郷さんの人柄を偲ばせるひとつのエピソードではないかと思いますが、雲の上の人とも思える西郷さんからこんな扱いを受けたならば、平岡ならずとも誰もが西郷さんのためなら命は要りませんと言いたくなるのではないでしょうか。事実、平岡は西南戦争が勃発すると政府軍の監視網を潜り抜けて西郷軍に加わっていたというのですから、まさに、金も命も名誉も不要という、もっとも扱いにくい男だったのです。

この平岡浩太郎は戦費に窮して敗走する西郷軍の陣中において「財源なくして天下国家を論じても机上の空論にすぎない」と悟り、炭鉱経営で得た巨万の富を孫文の中国革命や政党内閣樹立の政治資金に放り出しました。同じように炭鉱で得た資金を政治活動に投入した麻生太賀吉の墓を見ると、大久保利通、牧野伸顕、吉田茂という血脈の後ろ盾が無ければ名を残すことは難しいのかと考える時があります。

士族叛乱の予兆

平岡浩太郎と西郷隆盛との個人的な関係だけにとどまらず、西郷さんと福岡藩は深い結びつきがありました。西郷隆盛は島津斉彬《しまづなりあきら》によって引き立てられ、藩政の中心にと躍り出ることができたのですが、その島津斉彬が藩主に就任できるようにと幕閣に働きかけたのが黒田長溥《くろだながひろ》であったことは少し前に触れました。その西郷さんの黒田長溥への恩義は変わらず、明治三年（一八七〇）、福岡藩で起きた太政官札の贋札事件においても西郷隆盛は懸命に福岡藩の赦免を求めているのです。財政に行き詰まった福岡藩では太政官札五十一万両を偽造して大阪の鴻池に持ち込み、幕府時代の通貨と半値で交換するなどして収入を得ていたのです。このような偽造については政府の主体をなす薩摩藩でも、他藩でも行なっていたことなのですが、このことを大久保利通《おおくぼとしみち》は許そうとしませんでした。西郷さんは大久保利通、三条実美公への直接交渉で福岡藩の赦免を求めましたが解決せず、「たとえ維新の際は不手際があったけれども、戊辰戦争での福岡藩は奮闘したではないか。だから、もう許してはどうだ」と東京弾正台（検察庁）の役人にまで交渉を行なっているのです。

しかし、佐幕派とみられていた福岡藩に対する処罰は厳格に行われ、黒田長溥の後を受けて藩知事となった黒田長知《くろだながとも》は罷免となり、後任には征討軍総督であった有栖川宮熾仁親王《ありすがわのみやたるひとしんのう》が着任しています。このことは、権力者大久保利通の廃藩置県の事前演習であり、他藩に対する見せしめとして福岡藩は利用されたといっても過言ではありません。藩の断絶にも等しい藩知事罷免を受けて、旧福岡藩士の大久保に対する恨みつらみは深まるばかりだったのです。

西郷さんといえば人情味溢れるエピソードが多くあるのですが、明治六年の政変、いわゆる「征韓論」で敗れ、後に「西南戦争」という叛乱を起こして白刃した人物という印象があります。倒幕戦争では江戸城の無血開城という離れ業を成したのですが、征韓論や西南戦争によって好戦的な人物という印象を抱きがちです。どうも征韓論という文字が現代にまで誤解を招いているようです。

歴史は勝者によって作られるといいますが、もしかして、「征韓論」という言葉は大久保利通、伊藤博文などの薩長政府要人が政権の正統性を誇示するために後から付けた造語なのかもしれません。この紛糾した征韓論において西郷さんと同じように参議という政府の要職を投げうった人物として土佐の板垣退助、後藤象二郎、肥前佐賀の江藤新平、副島種臣《そえじまたねおみ》がいますが、明治七年（一八七四）、故郷の佐賀に帰った江藤新平は郷党の仲間とともに決起し、西郷さんと同じように政府軍と

谷中霊園　大久保利通暗殺犯６人の墓。右から２つ目が主犯の島田一郎のもの。看板も何も無く、誰もが気付かないようにあることが哀れ

谷中霊園　大久保利通暗殺の主犯島田一郎の墓。反政府勢力の聖地となることを恐れたのか、「島田一良」と異なる名前が彫られている

戦うはめになったのです。これが今に伝わるところの「佐賀の乱」ですが、薩長閥の政府首脳といえども不正を絶対に許さない司法卿江藤新平は薩長からすれば煙たい存在だったのだと思います。

大久保利通は西日本の各地で不平士族の叛乱がおきることを予見して福岡藩を政府直轄の鎮圧部隊の拠点として取り込んでおきたかったのだと思います。「佐賀の乱」においては大久保自身が福岡に乗り込んで鎮圧部隊の指揮を直接に執っていますから、福岡藩の贋札事件はまさに大久保の意に適った事件だったのではと思います。

青山霊園　大久保利通の馬車の御者（中村太郎）と馬の墓。大久保の墓の左隣りにあるが、見落としがち。馬の墓と分かるように、馬のレリーフになっているのが特長

この大久保利通は乗っていた馬車を襲撃され、斬殺されたのですが、襲撃した旧金沢藩の島田一郎たち六名の墓は谷中霊園にあります。島田一郎の名前は「島田一良」と彫られていますが、反政府勢力によって神格化される恐れから島田一郎の墓であることがわからないように彫り変えられているようです。

翻って、大久保利通の墓は青山霊園の「第二号一種イ十五—十九側一番」にあるのですが、その同じ敷地のなかに大久保とともに災難に巻き込まれて命を落とした御者（中村太郎）、馬の墓までもがあります。さ

すがに、馬の墓を人間である御者の横に並べるのがはばかられたのか、馬のレリーフが浮き彫りになった墓が御者の墓の真後ろに立っているのは一興です。

不平士族の明暗

さきほど、江藤新平の「佐賀の乱」に話が及びましたが、大久保利通は佐賀に密偵を放ち、政府に対して叛乱を起こすように江藤新平を挑発していました。この政府の動きを察知していた江藤は先手、先手と戦いをしかけ、一時は鎮圧に向かった政府軍を全滅させるほどに奮闘しています。新政府に誰も召抱えられず、旧藩主の藩知事を罷免されるなど福岡藩旧士族たちはこの「佐賀の乱」という反政府の騒乱に呼応しようとしたのですが、直前に大久保利通のとりなしで江藤新平軍と銃火を交える先鋒隊として送り込まれることになったのです。キレ者の大久保のことですから、「贋札事件」の際、福岡藩に厳しい処分を求めたのは元司法卿の江藤新平であると唆《そそのか》したのではないでしょうか。司法卿時代の江藤は長州閥の裏金問題を黙視せず、維新の元勲といえども厳しい処分を行なう人でしたので福岡藩を許さなかったのは江藤だと言われれば藩主の仇討ちにと福岡藩旧士族は佐賀に向けて突っ走ったのだと思います。しかしながら、このとき、大久保が福岡藩旧士族に与えた銃と弾薬は口径が合わないものであったため、逆に孤立無援の中で福岡藩旧士族たちは全滅の一歩手前にまで追い込まれたのです。またもや大久保に騙されたと気づいた福岡藩旧士族の間に「仇敵大久保」の風潮が浸透するのは火を見るより明らかだったのではないでしょうか。

叛乱を鎮圧された江藤新平は佐賀を脱出し、土佐の板垣退助を頼って逃亡生活を送りますが、江藤が司法卿時代に設けた「手配写真制度」によって容易に発見され、更には司法省時代の部下によって、それも佐賀において裁かれるという辱めを受けているのです。それでもこの元参議である江藤新平の叛乱がしゃくにさわったのか、大久保は江藤を斬首とした上に明治時代にしては珍しい「さらし首」という屈辱まで加えているのです。この「さらし首」の刑が無くなったのは明治十一年（一八七八）五月七日のことですが、この刑の廃止は不平士族の叛乱が終結したことで、国の内外に近代国家としての範を示すためのものと思います。

維新史において薩長に道を塞がれたのは福岡藩だけではありません。文久三年（一八六三）八月十八日の公武合体派（薩摩藩・会津藩）のクーデター以降、京都守護職として御所の守りについていた会津藩は官（征討）軍から朝敵の標的とされ、とりわけ、長州藩の会津藩に対する恨みは深かったといいます。藩主の松平容保《まつだいらかたもり》が捕らえられた後においても城下においては会津兵たちの死体を埋葬することが許されず、半年以上もの間、腐敗するに任すという仕打ちまで受けています。当然、旧会津藩士が明治新政府に召抱えられるはずもなく、その日の生活を送るのもやっとという有様でした。

明治九年（一八七六）十月三十日、のちに「思案橋事件」と呼ばれる反政府勢力の武装蜂起が起きました。首謀者は旧会津藩士の長岡久茂《ながおかひさしげ》で薩摩西郷派の海老原穆《えびはらぼく》と「評論新聞」という政府を攻撃する過激的な新聞を発行していました。大久保利通、木戸孝允を紙上で批判するのは日常で、岩倉具視《いわくらともみ》、大隈重信を暗殺すると宣言するほどの過激な一派でした。

明治七年（一八七四）の「佐賀の乱」において政府軍の圧倒的な力で江藤新平軍が鎮圧されたことを知っていても、西日本各地には政府に不満を抱く旧士族たちがいました。明治九年（一八七六）十月二十四日には熊本の神官たちによる「神風連の乱」、続く二十七日には福岡秋月藩の旧士族による「秋月の乱」、さらには二十八日に新政府の参議でもあった長州閥の前原一誠による「萩の乱」が起きています。「思案橋事件」だけを取り上げると旧会津藩士による薩長政府に対する反抗と思える事件ですが、首謀者の長岡久茂は鹿児島の西郷派だけでなく、長州の前原一誠とも密に連絡をとっていたといわれており、大久保利通とすれば江藤新平に対する過大な侮辱も事前にこれらの情報を掴んでいたことから意図的に加えたものなのではないでしょうか。

ここで、幕末史において対立する旧会津藩士と旧長州藩士とが結びついていることに不思議を感じますが、萩の吉田松陰門下における秀才といわれた前原一誠は師と同じく質素を旨とし、善政を行ない、戊辰戦争における敗者の会津藩に対しても深い武士の情けを示したといわれています。このことから長岡久茂のみならず、会津藩士の中には長州閥の木戸孝允に敵意を抱いても前原一誠には尊敬の眼差しを向けていた者が多かったといいます。

この前原一誠に尊敬の眼差しを向けていた旧会津藩士といえば、白虎隊生き残りの山川健次郎がいます。山川健次郎は東京帝国大学、京都帝国大学総長などを務めた人ですが、長州藩の奥平謙輔《おくだいらけんすけ》の知遇を得、前原一誠と生活を共にし、その才能を認められてエール大学に留学した人です。九州帝国大学初代総長、明治専門学校（現在の九州工業大学）初代総裁も歴任したひとですが、山川健次郎の恩人ともいえる奥平謙輔は前原一誠とともに「萩の乱」に参戦し、命を落としています。

会津藩士といえばもう一人、思い出す人がいます。会津藩家老萱野権兵衛の次男で郡長正《こおりながまさ》がその人ですが、戊辰戦争後に会津藩が三万石の斗南藩に格下げされたとき、財政が窮迫する旧会津藩の子弟を委託学生として小笠原豊津藩《とよつ》（現在の福岡県京都郡みやこ町）の「育徳館」が引き受けていました。今の時代でいえば奨学金を得て留学をしているのと同じだと思いますが、地元の食事が口に合わないので会津の柿を送って欲しいと母に甘えたところ、逆に叱責の手紙が返ってきたのです。郡長正はこの母親からの手紙を自身の戒めとして肌身離さずに持っていたのですが、不注意からこの手紙の文面を仲間から侮辱され、それを恥じて自刃しているのです。没落したとはいえ、会津武士としての誇りの高さがうかがえる話だと思いますが、この郡長正の墓は会津とともに豊前豊津の甲塚《こうづか》墓地にもあります。

《母と共に花しほらしの薬草の千振《せんぶり》つみし故郷の野よ》

これは小笠原豊津《とよつ》藩の藩校「育徳館」で学んだ福岡県京都郡みやこ町出身の社会主義者 堺利彦《さかいとしひこ》の歌です。獄中生活のなかで詠んだ歌とのことですが、郡長正と同じように苦しい時には誰もが故郷の母を思い出すものと思いました。

自由民権運動と政府の弾圧

明治八年（一八七五）、野に下った土佐の板垣退助は自由民権運動のための立志社を創設し、二月には大阪で日本全国の自由民権運動結社を集めた愛国社創立集会を開きました。この愛国社創立集会には旧福岡藩士が設立した自由民権結社の矯志社から武部小四郎《たけべこしろう》、強忍社から越智彦四郎《おちひこしろう》が代表として参加しています。この旧福岡藩士たちの参加は自由民権運動というよりも薩長政府に反旗を翻す意味が強かったのではと思います。「贋札事件」においては「お家取りつぶし」と同じ藩知事の交代を命じられ、「佐賀の乱」では大久保利通に騙された結果の「大久保憎し」に備えると言ったほうがいいかもしれません。愛国社創立集会には、豊前中津藩から増田栄太郎、梅谷安良、肥後熊本藩からは宮崎八郎（宮崎滔天の長兄）、因幡《いなば》藩からは今井鉄太郎等が参加していますが、このとき、大久保利通を暗殺した島田一郎も加賀藩の代表として参加しています。

　自由民権運動が勃興したこの当時、福岡藩においては「乙丑の獄」によって処刑された武《たけ》（建）部《べ》武彦《たけひこ》の子である武部小四郎、加藤司書の子加藤堅武《かとうたてむ》、万代十兵衛《ばんだいじゅうべえ》の弟久光忍太郎《ひさみつにんたろう》、倒幕軍の「顕勇隊」を率いた越智彦四郎等が次代を担う人材として台頭してきています。なかでも武部小四郎、越智彦四郎の二人が旧福岡藩士族のリーダー的な存在となっており、この新しきリーダーたちは最終的には大久保対西郷による武力衝突が起きると予想していたとのことです。彼らは板垣退助による自由民権運動という思想的な結びつきよりも土佐派の軍事力を必要として愛国社集会に参加したのではないかと思えます。

　しかし、野に下り立志社を起こした板垣退助は大久保利通の説得に応じて再び参議として政府の要職に就いていてしまいました。戊辰戦争における征討軍の参謀として「戦上手《いくさじょうず》」の評判を得ていた板垣にとって、政府の組織的な軍事力は散発的な士族の叛乱に勝る威力があると読んでいたのかもしれません。この板垣の政府への寝返りは多数の不平士族の反感と失望を買うのですが、「虎穴に入らずんば虎児を得ず」と考え、政権の中枢に戻ったほうが国家国民のためになると板垣は判断したのかもしれません。会津若松の城攻めにおいて会津の領民が領主を助け、共に危機に立ち向かう姿から自由民権運動の原点を感じた板垣ですが、政権中枢から自由民権思想を普及しようと考えたのかもしれません。いずれにしても、この板垣の参議としての復帰は全国の自由民権運動者から裏切者としてみられていたのは確かです。

大久保利通は戦上手の板垣退助を懐柔して政府側に取り込むだけではなく、明治五年（一八七二）には徴兵令によって政府直轄の軍事力の構築を図っています。続く明治九年（一八七六）には廃刀令を出して旧士族層の武力を削ぐ政策を実行していますが、大久保の腹心である大警視川路利良《かわじとしよし》を使って徹底した警察行政も行なっています。自由民権運動団体に向けてスパイを送り込み、攪乱と反政府者の摘発に注力しているのですが、板垣もこの大久保の対処には臍《ほぞ》を噛む思いだったのではないでしょうか。

このスパイを潜入させて不穏分子を挑発させるというやり方ですが、その挑発に乗ったのが前原一誠です。「佐賀の乱」の報を聞いた前原一誠はただちに三千名の長州兵を集めて江藤新平に呼応できる実力をみせているのですが、この裏には諫早作次郎という挑発者が長州に送り込まれていました。この三千名もの兵を集めた前原の実力と反政府の意志は事前に政府へと流れていたのです。

さらに明治九年（一八七六）の夏には前原一誠のもとに西郷の密書を持参した石塚清武、指宿辰次、渋谷正雄と名乗る密使が訪ねてきています。この三名は西郷の密使ではなく政府側が放ったスパイだったのですが、石塚と指宿が薩摩人だったことから西郷派と信用してしまい、西郷宛に武器弾薬を貸与して欲しいという返書まで認めるという失態を前原は犯していたのです。前原一誠は門下生を西郷隆盛のもとに送って初めて三名がスパイだと気づくのですが、この石塚、指宿は長州から福岡へと向かい、今度は前原の密使と称して自由民権運動団体である福岡の矯《きょう》志《し》社《しゃ》の宮川太一郎、箱田《はこだ》六輔《ろくすけ》を訪ねているのです。この時に前原の門下生である横山俊彦が一緒だったので、宮川、箱田の両名は前原と西郷の挙兵の意志を確信するに至ったのです。いかに川路利良の諜報活動が用意周到であったかが分かります。

東京千代田区紀尾井町にある大久保公哀悼碑。殺害現場に近い清水谷公園の中にあるが、多くの人は気づかずに傍を通りすぎてしまう。ホテルニューオータニの側にある

　この川路利良ですが、霊園事務所でいただいた著名人の墓所を示すパンフレットにその名前を見つけたときには驚きました。さすがに墓荒らしをする輩はいないと思いますが、川路が放った密偵に騙された人々の関係者が石の一つでも投げるのではと訝ったからです。しかしながら、もう、そんな時代ではないのかもしれません。

　さきほど島田一郎たちによって大久

保利通が暗殺されたことはお話ししましたが、大久保遭難の現場に近い東京千代田区赤坂見附の清水谷《しみずだに》公園には大久保を顕彰する巨大な碑が立っています。近代的な高層ホテルやオフィスビルの陰に隠れるようにぽつんとある公園ですが、ここは学生運動華やかりし頃、警視庁機動隊の検挙網をすり抜けた学生たちの集合場所だったそうです。この政府に楯突く学生たちを大久保が見たらば、いつの時代も変わらぬと思うのか、もっと警察力を増強して弾圧しろと言うのか、興味のあるところです。

西南戦争という価値転換

大警視川路利良の策略とも知らず前原一誠の「萩の乱」に呼応しようと考えていた箱田六輔《はこだろくすけ》は明治九年（一八七六）十一月七日の夜、突如として逮捕されてしまいました。もともと、地元警察としても武部、越智等同様に反政府活動の不穏な動きをする要注意人物として箱田はマークされていたのですが、旧福岡藩の不平分子の一網打尽を狙っていた警察としては箱田を暴れるに任せ、機会があれば仲間とともに逮捕しようとしていました。箱田は徴兵令で集められた鎮台兵ともめごとを起こしたことによって逮捕されたのですが、この時代、農民や町民からなる兵隊に戦争などできるかと旧士族たちは馬鹿にし、なにかと兵隊たちに言いがかりをつけては騒動を起こしていました。明治時代の鎮台はかつての旧士族が詰めていた城の中に設けられていましたので、農民、町民身分が武器を手にして城に詰めるというのが癪でしかたなかったのだと思います。

この箱田六輔逮捕に端を発して、箱田の仲間である進藤喜平太《しんとうきへいた》、頭山満《とうやまみつる》たちも留守の間に家宅捜索を受け、頭山などは警察に抗議に出向いたところを拘留されてしまいました。この箱田六輔が逮捕されたことから進藤や頭山たちも逮捕拘留されることが不思議に思われるかもしれませんが、彼らはもともと興志塾という私塾の塾生であり、強烈な尊皇攘夷思想の教育を授ける塾の仲間たちでした。通称、人参畑塾とも呼ばれる塾の塾長は男装の女医といわれる高場乱《たかばおさむ》で、幼少の頃から男として育てられ、帯刀を許されるという眼科医でもあったのです。町のゴロツキさえ道を開けるというほどの乱暴者を集める塾で、興志塾の塾生を見かけたら避けて通れというほど近隣にその名前が知れ渡っていたほどです。箱田を一人逮捕するも、他の塾生たちを逮捕するも町の治安維持には同じことと警察は考えていたようです。この人参畑塾の塾長である高場乱は「丑乙《いっちゅう》の獄《ごく》」で玄界灘の姫島に遠島となった野村望東尼《のむらぼうとうに》の義理の従姉妹といわれており、このことからも興志塾の塾生たちは筋金入りの尊皇攘夷思想者であったことが窺えると思います。

一般に、九州の男性を「九州男児」としてその豪胆さを評しますが、なかなかどうして、野村望東尼、高場乱に代表されるように九州女子あっての九州男児なのです。塾の仲間が不当に捕まったとなれば荒くれ者が集まる興志塾のことですから警察署を襲撃してでも仲間を救出したのではないでしょうか。警察もこのことを恐れて、進藤喜平太、頭山満たちを山口県萩の獄舎へと送っているのです。この萩の獄舎に送られた進藤、頭山たちは大久保利通暗殺計画の疑いで連日の拷問を受けているのですが、塾生の松浦愚《まつうらおろか》などは体力の消耗が激しく、牢から出された後に亡くなってしまったほどです。さほど過酷な拷問に対して進藤や頭山等は互いに痛みに堪える意地を張り合っていたとか。後の自由民権運動団体である玄洋社の礎を築いた進藤や頭山が精神的にも思想的にも強固に結びつくのは、この政府による不当な投獄によってでした。

歴史というのは不思議な方向に向かうものと思うのは、この箱田六輔、進藤喜平太、頭山満たちが「萩の乱」に呼応しようとしたことから獄に投ぜられ、その翌年に起きた「福岡の変」に参戦できなかったことが玄洋社を生む要因となったのです。一般には「福岡の変」という旧福岡藩士の叛乱については注目されませんが、これは明治十年（一八七七）二月の「西南の役」と同じ扱いとされているからでしょう。

西郷隆盛挙兵の前、「萩の乱」同様に鹿児島城下にも多数のスパイが放たれ、挑発する者、攪乱する者と様々でしたが、なかでも西郷暗殺ということが私学校党の人々を刺激したようです。西南戦争は武士の叛乱として最大にして最後のものであり、かつての竹馬の友である西郷と大久保とが敵味方に分かれての殺し合いですから、薩摩人の豪胆さには驚きを隠せません。しかしながら、旧福岡藩主の黒田長溥は政府側として西南戦争の鎮圧に回り、旧福岡藩士族は萩の乱や福岡の変で西郷軍に加担するのですから、友人関係はもとより主従関係までが価値の変換を求められる時代だったのです。

時代は下って、昭和七年（一九三二）の五・一五事件で頭山満の盟友である犬養毅は反乱軍の海軍将校に射殺されてしまいます。この事件での武器を提供したとして頭山秀三《とうやまひでぞう》（頭山満の三男）が逮捕されるのですから、この時も価値が変換する時代だったと思います。頭山秀三の墓は頭山満夫妻と同じ墓所にありますが、秀三のほぼ真向かいに犬養毅の墓があるというのも、皮肉なものだと思いました。

大正から昭和の始めにかけて活躍した作家夢野久作の『近世快人伝』には頭山満、進藤喜平太、杉山茂丸などの人物像が語られていますが、その評伝ともいうべき作品のなかに旧福岡藩士族の奈良原《ならはら》到《いたる》という人物が登場します。日本の豪傑第一位に輝いた頭山満を笑い飛ばすだけの胆力を兼ね備えた人物ですが、そんな奈良原が心底から尊敬するのがイエス・キリストというのですから、そのギャップの大きさも並ではありません。久作も奈良原老人の対応に狼狽しつつ、その純な精神に傾頭しているのがわかります。明治時代は人間関係のみならず、教育、宗教、思想においても巨大なしがらみから離脱し、飛躍しなければならない時代だったということがわかります。

第三章　アジアとの関わり

いまや、その存在自体も歴史の舞台からも消し去られ、「右翼」という一言で片づけられる自由民権運動団体玄洋社の果たした役割、その発生の背景を描いています。

特に、近代覇権主義の象徴である英米を相手にアジアの独立運動を支援していたこと、南下政策という国益を求めるロシアとの協調策、現在の中国という国家を再生するにあたっての孫文への支援、藩閥政治から脱却するための政党政治確立に与えた影響を述べています。

玄洋社の看板、頭山満

広い青山霊園といえども西南戦争の戦死者を葬る警視庁墓地はパンフレットの地図にも大きく示されているので、すぐに見つけることができました。警視庁巡査は旧士族で構成されていましたが、西南戦争勃発後、日本全国の旧士族を対象に即戦力としての追加募集が行なわれたそうですから、このことは創設されたばかりの国軍の訓練が十二分でなかったこと、西郷軍がいかに強かったかという証明になるのではないでしょうか。九州各地で戦死した警視庁関係者は東京招魂社（現在の靖国神社）で行われた慰霊祭では八四九名を数えています。その戦死者数からいえば、この警視庁墓地に葬られているのは一部でしかありませんので東京へ搬送した後に亡くなった警視庁巡査の墓がここにあるのだと思います。その警視庁墓地は中央に広場が設けられ、今でも慰霊祭が催されていると聞きましたが、広場を取り囲むようにして並んでいる墓所にぽつぽつと歯抜けのようになっているのは何らかの事情で改葬してしまった遺族がいるからのようです。遠い昔の内戦を制した警視庁巡査の墓はまぶしい太陽の日を受けて、まるで日向ぼっこを楽しんでいるかのようです。

この警視庁墓地の居並ぶ墓を眺めながら歩いていると、思わず「おおっ」と声が漏れました。博多の崇福寺《そうふくじ》の玄洋社墓地、圓應寺（福岡市中央区）にもあるのですが、この青山霊園にもあるといわれる頭山満《とうやまみつる》の墓に出くわしたのです。パンフレットにも所在が記載されているとはいえ、広大な青山霊園で頭山満の墓所を目の前にすると、生きている頭山満と対峙しているかのようです。いまや右翼の源流に祭り上げられた頭山満ですが、「今日はなんごとかいな（今日は何の用事ですか）」と挨拶代わりに問うてきているかのようです。東京にも墓があるのは、旧福岡藩主の黒田《くらだ》長溥《ながひろ》の墓所を守るためなのか、それとも、盟友犬養毅《いぬかいつよき》、同志金玉均《きんぎょくきん》と囲碁を楽しみながらのアジア情勢を語らうためなのかはわかりませんが。

この頭山満ですが、右翼の源流と称される割には現代日本においての認知度は極めて低く、なんとなく名前は聞いたことはあるような気がするけれど、何をした人なのかは知らないという人がほとんどです。右翼という飾り言葉から戦闘服に身に包み、日章旗や軍艦旗をなびかせた黒い街宣車に乗り、大音量で軍歌を流す団体の親分というイメージが独り歩きしているからかもしれません。日本の豪傑ナンバーワンに輝いたこともあるのですが、豪傑とも右翼の源流とも称される割には、失礼な話しながら、この青山霊園の墓所はごく普通の墓であることに拍子抜けするものでした。頭

青山霊園　頭上満・峰尾夫妻の墓。夫妻の記念写真を撮るかのようにしてシヤッターを切った１枚。どこにでもいる老夫婦という感じなので、見落としそうになる

山満（幼名は筒井乙次郎）は福岡藩士族の家に生まれ、頭山家の養子として峰尾夫人と結婚したのですが、日本どころかアジア、中東、アフリカにまで活躍の場を広げているのですから、「頭山の家ば継ぐためとはいえ、とんだ婿養子と一緒になったもんタイ」と峰尾夫人は思っていたのではないでしょうか。今では同じ墓に眠る頭山夫妻ですが、「ようやっと、腰の落ち着きな

年　　月　　日

このはがきを、小社への通信あるいは小社刊行物の注文にご利用下さい。より早くより確実に入手できます。

お名前

（　　歳）

ご住所

〒

電話

ご職業

お求めになった本のタイトル

ご希望のテーマ・企画

●購入申込書

※直接ご注文（直送）の場合、現品到着後、お振込みください。
送料無料（ただし、1000円未満の場合は送料250円を申し受けます）

書名	冊
書名	冊
書名	冊

※ご注文は下記へFAX、電話、メールでも承っています。

弦書房
〒810-0041 福岡市中央区大名2-2-43-301
電話 092(726)9885　FAX 092(726)9886
URL http://genshobo.com/ E-mail books@genshobo.com

郵　便　は　が　き

料金受取人払郵便

福岡中央局
承　認

18

差出有効期間
2026年2月
28日まで

(切手不要)

８１０-８７９０

156

福岡市中央区大名
二−二−四三
ＥＬＫ大名ビル三〇一

弦書房

読者サービス係　行

通信欄

さってですなあ（ようやく、居場所に落ち着きましたね）」と峰尾夫人が語っているかのようです。

頭山満が右翼の大物であるとか、玄洋社が超国家主義団体と称されるのはGHQによる東京裁判（極東国際軍事裁判）の影響が大きいと考えます。この裁判所の開廷にあたり、戦争犯罪人として玄洋社社長（当時）であった進藤一馬《しんとうかずま》、玄洋社系の黒龍会主幹の葛生能久《くずおよしひさ》、元内閣総理大臣であり玄洋社員であった広田弘毅が巣鴨に収監されています。玄洋社自体も超国家主義団体としてGHQから解散を命じられていますので、日本の戦争遂行に協力した団体、及びその関係者と決めつけられたことが大きいと思います。

さらに、頭山満は長州軍閥の象徴でもある山縣有朋と連絡があった、つまり、軍部に協力していたなどと日本近代史の著書に描かれているのです。軍部が朝鮮半島や中国大陸を侵略する場合、責任が政府に及ばないように右翼浪人を抱える玄洋社を手先にし、侵略の下準備をさせたと記述されているのです。

しかし、その山縣有朋は「俺のところに挨拶に来ないのは犬養毅と頭山満だけだ」と語り、黒龍会の葛生能久はインド政府からインド独立に多大な貢献があったとして顕彰されているのです。欧米の帝国主義者からすれば、アジアやアフリカの植民地解放運動を推進していた玄洋社は敵であり、その報復措置として戦争犯罪団体に仕立て上げ、玄洋社に関係する者は戦争犯罪人であるというダーティーな印象を日本人に刷り込んだとしか思えません。

先述の和田三造のように画家でありながら玄洋社員という人もおり、欧米の判断基準を超えたところに玄洋社はあったと言っても過言ではありません。

玄洋社発祥の地「博多」

玄洋社の看板ともいうべき頭山満は多くの政治亡命者たちを救出し保護したのですが、その代表的な人物としては朝鮮の金玉均、中華民国の孫文、フィリッピンのアギナルド、インドのラス・ビハリ・ボースと多岐に渡っています。それでいて、この玄洋社関係については系統だった文書が残っていないために、どこで、誰が、何を、どのように行なった、などということが分かりにくく、他の団体が保管している文書などから足跡を追うしかありません。孫文の辛亥革命を支援した旧津軽藩出身の山田良政、純三郎という兄弟がいますが、この末裔の方が保存されていた資料の中に山田良政の慰霊祭の弔辞がありました。その弔辞を書いたのが玄洋社の平岡小太郎《ひらおかこたろう》であるとわかり、そんなところにいらっしゃったのですかと大変に驚きました。もともと、無名であることを誇りに思う団体であったところに頭山満も黒龍会代表の内田良平も敗戦前に亡くなっていますので、死人に口無し、都合の悪いことはあいつら（玄洋社、黒龍会）の責任にしておけという図式になっているのは残念に思います。

頭山満が所属した玄洋社ですが、そもそもの始まりは自由民権運動からでした。薩長政府への抵抗勢力であるというところは他の自由民権運動団体と同じですが、異なる点としては積極的にアジア諸国を支援したということではないでしょうか。これは、玄洋社の存立基盤である「博多」という地域が朝鮮半島、中国大陸と古くから密接な位置にあり、交易のための朝鮮半島、中国大陸からの居留民を受け入れていたという歴史的背景を持っていたからだと思います。自由民権運動団体のなかでも玄洋社や黒龍会がアジアへと活動範囲を広げたのも、大陸の政治状況が安定しなければ経済的繁栄が望めないことを「空気」として身にまとっていたからではないでしょうか。

その「博多」という地域の意識がアジアへと向いていた一例としては、江戸時代、朝鮮通信使が十二回の江戸参府を行なっていますが、そのうち十一回は福岡藩領の藍島《あいのしま》（現在の福岡県粕屋郡新宮町の相島）に立ち寄り、福岡藩は過剰なほどの接待を行なっていることからも分かります。

◎　一回の接待に要する準備の内訳

・波止場築立の人夫　三、八五〇人
・家建築の人夫　九、八八六人（参府のたびに家屋の建て替えを行なっていた）
・畳　九三一畳半
・薪　二八、六三六〆
・炭　五九八俵
・官人御用の諸道具　京・大坂・長崎などで買い入れ
・活鯛　六〇〇匹
・船　四五二隻
・水夫　三、三一四人

この一覧表以外にも、主食である米を産地指定で取り寄せるなど下にも置かぬ手厚いもてなしをしているのですが、その接待費用が膨大であったことはこのリストからだけでも窺い知ることができます。この朝鮮通信使の役人が持ち込む物産品は非常な高値で取引され、朝鮮通信使の乗った船を我先にと商人の船が取り囲んでいたそうですから、過剰な接待の裏には双方に大きな見返りもあったのではないかと思います。

加えて、福岡藩は玄界灘を通過する周辺国の商船、漁船の漂流民の救出、西洋諸国の船の通過監視、長崎港警備（佐賀藩と交代で担当）に就いていますので、鎖国体制下とはいえ「博多」は諸外国との交流や情報収集には事欠かない場所にあったのです。反面、「元寇」に代表されるように大陸の政治が不安定になれば「博多」は真っ先に侵略目標として狙われますので、日常的に視点が海外へと向いてしまう環境にあったのは確かです。

さらに、玄洋社の拠点があった博多と他地域との決定的な違いは筑豊地方（現在の福岡県飯塚市、田川市など）という潤沢な石炭資源を背後に持っていたことが大きく作用しています。明治の殖産興業の時代、「鉄は国家」という言葉がありましたが、その製鉄に石炭は欠かすことのできないものであり、軍艦、商船の燃料はすべて石炭です。炭鉱経営に成功した玄洋社とすれば政府の機密費などあてにせずとも独自の政治活動が可能だったのです。

明治時代、日本は中央集権国家としての体制を整えましたが、現在に至るも福岡という都市が東京よりもアジアに力点を置いていること、玄洋社という団体がアジアを舞台に活動したのも、地政的な影響とともにアジアとの長い交易の歴史が育んだ結果であると思います。

この博多、福岡という土地が持つ茫洋さが気に入ったのか、民権左派の理論家である植木枝盛は福岡の向陽社（後の玄洋社）を訪れ、向陽社員に民権思想の講義を行い、この福岡で『民権自由論』を出版しています。青山霊園にはこの植木枝盛の墓所もありますが、頭山満相手に民権論について講義をしている様を想像するとおかしくなります。

玄洋社の金庫番、平岡浩太郎

玄洋社が潤沢な活動資金を得たのは炭鉱経営に成功したからとお話をしましたが、その炭鉱事業を一手に引き受け、資金調達を行なっていたのが平岡浩太郎や安川敬一郎（玄洋社員）でした。平岡は玄洋社の初代社長ですが、負けん気の強さと何でも一番にならなければ気が済まない人物であったのは戊辰戦争で従軍した際、桜田門で征討軍の西郷隆盛を誰何《すいか》したことで証明済みです。玄洋社は向陽義塾という私塾から発展したのですが、この私塾を創立したのは箱田六輔《はこだろくすけ》です。初代の社長に箱田がなってもおかしくはないのですが、何でも一番の平岡が初代社長の座を譲らず、ついには箱田が折れた形になったのです。しかしながら、この負けん気の強さと何でも一番は荒くれ者の炭鉱労働者を使いこなすには無くてはならない資質だったのではないでしょうか。

《あの家にぽっちり　灯がついた　和蘭《オランダ》屋敷の灯のように　ぽっかりついた
うすあかり　銅《あかがね》御殿の姫様　お人形抱いて　泣いてたろ》
（作詞・深作影二）

この詩は「筑紫の女王」と呼ばれた歌人柳原白蓮《やなぎはらびゃくれん》を憐れんだ歌です。西南戦争勃発の際、勅使伯爵柳原前光《やなぎはらさきみつ》、副使黒田長溥《くろだながひろ》が鹿児島に出向いた話をしましたが、その柳原前光の娘が白蓮です。明治四十五年（一九一二）、再婚とはいえ、この柳原白蓮は福岡の炭鉱主である伊藤伝右衛門と一緒になったのですが、白蓮は大正天皇の従姉妹に当たり、まさに「筑紫の女王」と呼ばれるだけの風格が備わっていたのです。反面、天皇家に連なる女性が一介の炭鉱経営者である伊藤伝右衛門の妻の座に納まるほど、炭鉱というものが無尽蔵の資力を蓄えていたことを窺い知るエピソードだと思います。銅《あかがね》御殿と呼ばれる伊藤伝右衛門の屋敷は九州経済の中心地、現在の福岡市中央区天神にあったのですが、その銅御殿と相対して並んでいたのも平岡浩太郎の屋敷ですから、この当時、巨万の富を生み出すものが炭鉱だったのです。炭鉱といえば、元総理大臣の麻生太郎氏の父太賀吉《たかきち》も筑豊飯塚で炭坑を経営していました。麻生家は伊藤伝右衛門ばりに天皇家の外戚に名前を連ねているのですが、吉田茂の娘和子と結婚した太賀吉がワンマン宰相と呼ばれた吉田茂の政治資金を捻出していたのは有名な話です。二・二六事件の将兵は湯河原で静養中の牧野伸顕を襲撃したのですが、この場に居た独身時代の和子もこの騒動に巻き込まれています。麻生太賀吉、和子夫妻の墓の近くには牧野伸顕の墓もあり、さぞかし賑やかに鉄砲玉をくぐり抜けた当時のことを語っていることでしょう。

伊藤伝右衛門は炭鉱経営だけではなく美術品収集の趣味もありましたが、アメリカのメトロポリタン美術館には伊藤伝右衛門が集めたという京都龍安寺の襖《ふすま》絵が収蔵されています。平岡浩太郎も豊臣秀吉や千利休を招いて茶会を開いたという博多の豪商神屋宗湛《かみやそうたん》が所有していた宗湛茶屋を買い取って自身の屋敷に移築していたそうですが、さほど、炭鉱というものが現在の油田かガス田に匹敵するほどの利潤を生みだしていたことになるのです。平岡は炭鉱で得た利益を玄洋社の政治活動、衆議員議員となった中野正剛たちの人材育成にも投げ出し、玄洋社を大きくバックアップしていました。なかでも、日本初の政党内閣といわれる隈板《わいはん》内閣の議会工作費を用立てしたというのですから、薩長藩閥政府に対する負けん気の強さには驚くばかりです。

幕末、澤宣嘉《さわのぶよし》とともに但馬生野（現在の兵庫県朝来市生野町）の幕府代官所を襲撃した福岡脱藩浪士の平野國臣《ひらのくにおみ》がいたことをお話ししましたが、その平野の家の向かいが平岡浩太郎の家でした。王政復古を表す王朝風の風体のまま平気で町を練り歩く平野に誰も寄り付かないなか、幼い平岡は平野のひげを引っ張り、頭を叩いて遊んでいたといいます。そんな平岡を「この子は偉くなるだろう」と可愛がったそうですから、平野の目には平岡の中に棲む何か世人とは異なるものが映っていたのかもしれません。

自由民権運動団体の玄洋社

玄洋社の看板は頭山満、金庫番は平岡浩太郎等ですが、頭山は明治九年（一八七六）の「萩の乱」に連座したとして獄に投じられ、平岡は明治十年（一八七七）の「福岡の変」から西郷軍に身を投じたことで叛乱の賊として投獄されています。そのため官吏の道は無く、旧福岡藩士族を集めての生活扶助団体ともいうべき「開墾社」をたちあげて日々の糧を得る道を模索していました。黙々と鍬を振りながらも何らかの再起を企んでいたと思うのですが、明治二十年（一八八七）頃まで、他の民権結社のような突出した行動をとっていないのが不思議です。

それでも、明治十一年（一八七八）五月十四日の朝、旧金沢藩士族の島田一郎たち六名が大久保利通を刺殺したと聞くと、頭山満は板垣退助が反政府勢力として立ちあがるのではないかと土佐に走りました。残念ながら板垣は反政府勢力として立ち上がりませんでしたが、ここで頭山は板垣から憲法制定や責任内閣制を実現することが大事と説かれ、自由民権思想の影響を強く受けたのです。すでに板垣が創設した自由民権運動団体の立志社では教育機関も併設され、ベンサムやミルの説く法理書を教科書として欧米の理論を学んでいたのですが、この土佐派の自由民権運動の影響から頭山満、箱田六輔、進藤喜平太、平岡浩太郎たちは先述の向陽義塾、民権結社向陽社を立ち上げるに至ったのです。

自由民権運動の基本は民意を集めることですが、旧福岡藩の場合は幕末の「乙丑《いっちゅう》の獄《ごく》」によって幹部を失い、次世代の幹部候補生であった武部小四郎、越智彦四郎たちは「福岡の変」で斬首されています。このため、頭山たち生き残りが指導者となり、土佐の立志社のように人材育成をしなければならない環境にあったのです。箱田が中心となって立ち上げた向陽義塾では外人教師によって法律、化学の授業までもが行なわれ、土佐派の自由民権家であり『民権自由論』の著者である植本枝盛までが向陽義塾で講演をするという熱の入れ方でした。

また、明治十二年（一八七九）十月には福岡県を一区十五郡九三三町村に区分しての地方民会を組織し、その統合機関として筑前共愛公衆会を設け会長に三木（小野）隆助、副会長に箱田六輔が就任しています。この筑前共愛公衆会は地方民会として組織され、向陽社（玄洋社の前身）が思想的な指導を行うという二段構えになっていました。明治十三年（一八八〇）一月、筑前共愛公衆会は全国の民会組織に先駆けて元老院に「国会開設及条約改正之建言」を提出しているのですが、組織設立からわずかな期間に近代国家としてのプランを練り上げ元老院に申し出ていることに感心するばかりです。

谷中霊園　鳩山一族の墓。右から鳩山和夫、鳩山一郎、写真には入っていないが、左端に鳩山威一郎のものがある。仏式の墓に見えるが、鳩山家は神道

しかし、向陽社（玄洋社）が思想的な指導を行なうと言いながら、ときに暴発ともとれる行動をとるのは、暴れん坊を抱え込んでいた興志塾の流れを汲んでいたこと、組織のなかに若気の至りを抑え込むだけの長老ともいうべき人材が「丑乙《いっちゅう》の獄」で払拭していたことが原因と思います。

先述の平岡浩太郎と同じように「福岡の変」に身を投じ、獄につながれたひとりに寺田《てらだ》栄《さかえ》という人物がいます。明治法律専門学校（現在の明治大学）で法律を学び、法曹界で活躍、貴族院議員にも名前を連ねた人物ですが、平成二十一年（二〇〇九）八月の衆議院議員選挙において政権交代を実現した鳩山由紀夫元総理大臣の曽祖父になります。この寺田栄の娘が鳩山由紀

夫元総理の祖父鳩山一郎（元首相）に嫁いだ鳩山薫子《かおるこ》になりますが、物静かな鳩山元総理にも寺田栄の政治改革という熱い血が受け継がれていたのかもしれません。

フェートン号事件から

さきほど、他の自由民権運動団体と異なり玄洋社が広く外界に目を向ける環境にあったと話しましたが、これはやはり、地理的な環境が大きいと思います。さきほどの朝鮮通信使の応接のみならず、福岡藩は幕府から長崎港警備を任命されていたことが大きく作用しています。寛永十六年（一六三九）、江戸幕府はいわゆる鎖国令を発し、オランダ、清国（中国）、朝鮮に限定しての交易を選択、他国に対しては門戸を閉じてしまいました。しかしながら、正保四年（一六四七）に日本との再度の交易を求めてポルトガル船が長崎に来航し、これは「長崎黒船来航事件」といわれていますが、これを機に幕府は佐賀藩と福岡藩に対して一年交代の長崎港警備を命じたのです。この長崎港警備は諸藩に先駆けて、オランダというヨーロッパの先進技術や情報を入手することが可能なことから、無意識のうちに海外へと関心が向いていたのだと思います。

蛇足ながら、明治十九年（一八八六）の清国北洋艦隊による「長崎事件」という暴動も廃藩置県後のこととはいえ、玄洋社の人々にとってかつて福岡藩が警備をしていた長崎港での出来事ですから、対岸の火事とは思えない事件だったのです。

この交易再開を求めるポルトガル船の「長崎黒船来航事件」は致命的な問題にはなりませんでしたが、長崎港警備での最大の事件といえば「フェートン号事件」ではないかと思います。これは文化五年（一八〇八）、オランダ船に偽装したイギリス船が長崎港に侵入し、オランダ商館員を人質に取るという事件にまで発展したものです。およそ二世紀にわたる平穏な長崎港警備の隙を突かれた感じですが、この背景にはフランスに勃発した革命に対してイギリス、スペイン、オーストリア、オランダ、プロイセンの同盟軍がフランスを攻め、そのフランスが逆にオランダを占領したことから、オランダ国王がイギリスに逃れてしまったことが影響したものです。

このオランダ国王のイギリス逃亡の交換条件としてオランダは持っていた植民地をイギリス海軍の統治下に置くことを表明したのですが、イギリスはオランダが所有する海外の利権を保護する行動に移ったのです。フェートン号長崎港侵入事件はオランダが所有する利権をイギリスのものとして履行する手続きのひとつでしかなかったのですが、このことは地球の反対側にあるヨーロッパの戦争が日本にまで及んだ象徴的な事件であると思います。さらには、オランダのシーパワーバランス崩壊によってオランダの利権とみなされていた日本との独占貿易が維持できなくなった事件でもあるのです。実際、この事件以降、日本に通商を求めるイギリス、ロシアの来航回数が極度に増加したことからも日本を取り巻く環境の変化を見てとることができます。

このイギリス、ロシアの日本接近はオランダ語によって西洋と通じていた日本に、オランダ語以外の英語、フランス語、ロシア語という言語を学ぶ必要性を認識させたのですから、何が幸いするかわかりません。オランダ語は長崎のオランダ通詞たちによって代代継承されてきましたが、開国後、いち早く欧米の技術を日本が吸収することができた陰には志筑忠雄《しづきただお》というオランダ通詞による英語、フランス語、ロシア語研究の蓄積があったればこそと思うのですが、これは日本の近代化を推進した最大の功績ではないかと思います。この志筑忠雄はケンペルの『鎖国論』を翻訳した人でもあるのですが、後にこの『鎖国論』を読んだ肥後熊本の思想家横井小楠は日本の開国を主張し、由利公正、安場《やすば》保和《やすかず》という明治政府の要人を育成するに至ったのです。

この安場保和の娘である和子が後の内務大臣、初代南満洲鉄道総裁、東京市長などを歴任した後藤新平に嫁ぐのですから、横井小楠の近代国家としての理想は脈々と受け継がれていったことになります。その後藤新平、和子夫妻の墓は霊園のメインストリートに面したところにあるのですが、楠の大木の陰になり、気軽に覗いたらば癇癪持ちの後藤新平の雷を頂戴しそうな雰囲気があります。

青山霊園　後藤新平夫妻の墓。左手が新平、右手が和子のものだが先に亡くなった和子の墓を新平が見守るような感じがする。晴天下でも樹木によって光が当たらず、フラッシュが必要だった

安政二年（一八五五）、長崎に幕府の海軍伝習所が開かれましたが、福岡藩主黒田長溥の求めで海軍伝習所の練習艦が博多に寄港したことがあります。勝海舟の判断とはいえ、福岡藩主の求めに幕臣の勝海舟がすんなりと応じる力関係が不思議だったのですが、蘭学を学ぶ伝手が無かった勝海舟に黒田長溥が臣下で蘭学者の永井《ながい》青崖《せいがい》を貸し与えたことから子弟に近い関係に発展したようです。この関係は、維新後、生活苦の旧福

岡藩士族を勝海舟が積極的に支援しているところからも、江戸時代の蘭学学習は武士の出世を左右させるほど重要な技能であったことが窺えます。

アヘン戦争

長崎港にイギリスのフェートン号が侵入した事件はヨーロッパの戦乱に巻き込まれたオランダのシーパワーバランスが崩壊したことが原因です。イギリスがオランダの海外利権を支配下に置こうとしたことから「フェートン号事件」となったのですが、オランダと同じ海洋国家イギリスはヨーロッパ大陸の地上戦には介入せず、海軍力でヨーロッパにおけるパワーバランスを維持していました。これはシーレーン防衛というイギリスの国家政策として進められていたことですが、この政策の延長がインド、東南アジアに広がり、清国（中国）という大陸国家の侵略（利権獲得）にまでつながったのです。

日本国内で蘭学が盛んになっていた一七七〇年頃、イギリスでは産業革命が起き、工業製品の輸出先としてインドを求め、そのインドからアヘンを清国に持ち込み、清国（中国）からイギリスにお茶を輸出するという三角貿易を行なっていました。そのイギリスが清国に持ち込んでいたアヘンが原因で清国の国力が低下し、アヘンの輸入を禁止する過程で戦争が勃発、武力に勝るイギリスが清国に大勝してしまったのです。このアヘン戦争での清国敗退はただちに長崎にいた清国商人から日本側にも伝えられましたが、清国が敗退したことは清国を中心として安定していたパワーバランス（中華思想）が崩壊したことを表わしています。従来の朝貢冊封体制という清国に従属する形でのパワーバランス（保護貿易）はアヘン戦争によって海洋国家イギリスを中心とした西洋の貿易体制に変更を余儀なくされたのです。このことはイギリスの清国蚕食の始まりでもあったのですが、対イギリスとの防衛ライン拡大をロシア側に意識させ、ロシアの極東進出（南下政策）を急加速させることになったのです。清国の朝貢冊封体制の崩壊、オランダの極東におけるシーパワーの減退は欧米列強のアジア侵略を容易にし、その渦中において日本は懸命の外交交渉を行なっていたことがフェートン号事件の一連の対応から窺えます。

幕末期、日本がアジア諸国のように武力侵略をうけなかった要因は武家社会であったということもありますが、もうひとつはオランダとの交易を諸外国がオランダの貿易利権とみていたふしがあります。さらに、大陸国家である清国を中心としたパワーバランス（中華思想）の外側に日本があったことです。清国からみれば日本は文明の周辺国であり、清国の文明や武力の保護対象外であったために、日本は独自に海洋国家としての文明を築いていたのです。海洋国家の反対は大陸国家ですが、両者の区別は地図では容易に判断がつきません。しかしながら、液体の物質、たとえば酒などをどのようにして運送する習慣があるのかを比較することで容易に見分けることができます。

海洋国家は酒を樽に入れて運搬し、大陸国家は壺や革袋に入れて運ぶ傾向があります。イギリスはフランスのワインを樽に入れて運ぶために海洋国家、清国（中国）の場合、南方は酒を壺や甕に入れて運び、北方の騎馬民族は革袋に入れて移動するために大陸国家となります。翻って、日本という国を見ると灘の酒などは樽に入れて樽廻船で江戸に運んでいましたから、海洋国家と判断できるのです。海洋国家民族は視点を世界に広げ、自国に資源は無くとも貿易によって国家経済を賄う傾向があります。幕末期、西日本の諸藩が独自に軍艦を購入し、自藩で蒸気船を開発していったことは無意識のうちに海洋国家としてのシーパワーの必要性を実感していたからではないでしょうか。

幕末、日本の門戸を開いたのはイギリスでもロシアでもなく海洋国家アメリカのペリー艦隊です。嘉永六年（一八五三）、ペリーが浦賀に来航して日本に開国を要求しましたが、その翌年、ヨーロッパにおいてクリミア戦争が勃発し、イギリスもロシアも足元の戦争に没頭して極東に目を向ける余裕が無かったことが原因です。この当時、アメリカは鯨油を求めて太平洋のクジラを追いかけ、鯨油を樽に詰めて母国に持ち帰ることを繰り返していましたが、捕鯨船の乗組員保護を日本に求めての開国要求だったといわれています。イギリスやロシアを巻き込んだクリミア戦争はナイチンゲールによる博愛主義の赤十字社を生み出すきっかけになりましたが、日本市場の獲得ということからすればアメリカに漁夫の利をさらわれた戦争だったのです。

このクリミア戦争での赤十字社の精神を知った佐野常民《さのつねたみ》は西南戦争時、敵味方に関係なく負傷者を救護する博愛社組織を設立しました。医薬品にも事欠く西郷軍は銃創を煙草の葉をすり込んで消毒したそうですから、佐野の治療には深い感謝の意を表わしたのではないでしょうか。明治二十年（一八八七）には博愛社を日本赤十字社と改称し、佐野はその初代社長に就任していますが、その墓所は青山霊園第五号一種イ二十五―二十七側一番、甲乙にあります。

ロシアの南下政策とヒンターランド構想

さきほど、海洋国家と大陸国家という話をしましたが、大陸国家というものは陸上における防衛線を確保したがる傾向があります。そう振り返ると、アヘン戦争に勝利したイギリスが清国（中国）を侵略したことで、清国と陸続きのロシアが清国（イギリス占領地）との防衛ラインを拡張したことからもわかります。一八七一年（明治四）頃、ロシアはイスラム教徒が多く住む清国のイリ地方を占領し、これは明らかにロシアによる清国への侵略ですが、ロシア側からすれば清国がイギリスの侵略を許したことによる防衛ラインの拡大になるわけです。このイリ地方の国境紛争は、日本との新たな国交を求められていた朝鮮にとって朝貢国（清国）の意向を得ることができず、日本に対する国交回復交渉の回答が遅れる原因にもなったのです。

一八六九年（明治二）、イギリスの支配下にあるエジプトのスエズ運河が開通し、ヨーロッパからインド、東南アジアへの通航が一層早くなりました。このことはヨーロッパ各国のアジア侵略が加速され、さらに同時期、アメリカは大陸間横断鉄道を完成させたことで太平洋の制海権を確立する必要性に迫られたのです。ここから、ロシアはシベリア、沿海州を南下して対アメリカとの防衛ライン拡張へと繋がっていくことになったのです。文久元年（一八六一）、ロシアが艦船の修理のためといって対馬を占領したことがありますが、これなどは朝鮮海峡から日本海に通航するイギリスやアメリカの船を進出できなくするための海峡封鎖の拠点作りであり、イギリスが明治十八年（一八八五）に朝鮮の巨文島（ハミルトン）を占領しましたが、これはロシアによる東シナ海進出を阻止するための海峡封鎖が目的だったと思います。

この大陸国家であるロシアの動きをみているとき、杉山茂丸《すぎやましげまる》が主張していたヒンターランド（杉山本人はヒンダーランドと発音しています）構想を思い出しました。ヒンターランド（Hinterland）とは直訳すれば後背地という意味になりますが、日本列島から見れば北に位置するロシアは後背地になり、ロシアの南下政策を食い止めるための緩衝地帯（新国家）を設ける考えです。防衛ラインの拡張は、反面、侵略行為であり、相互が侵略行為だの防衛行為だのと主張しても解決策にはつながらないため、相互の協調のもとに緩衝地帯を設けることです。杉山はシベリアをその緩衝地帯に仕立て上げ、日本がその新国家の資源開発を支援して共存共栄を図るという考えを持っていたのです。他にも、「支那（中国）領土保全」という考えを持っており、支那という多民族国家の領土を確保し、その領土から欧米を駆逐し、南下するロシアとの間にヒンターランドという緩衝地帯（国家）を設け北東アジアにおける安定的な経済ブロックを構築しようと考えていたのです。

この杉山茂丸ですが、明治、大正時代の「政界の黒幕」と言われ、あだ名は「ホラ丸」です。今の時代、イギリスとフランスとの間のドーバー海峡に海底トンネルが通じることに何の疑問も挟みませんが、明治二十九年（一八九六）当時、日本が国際社会（北東アジア）で生き抜くためには関門海峡、さらには壱岐、対馬を経由して釜山とを結ぶ海底トンネルが必要と主張していたのですから、明治時代の人々からすれば明日にでも月面着陸できるかのような話をするホラ吹き男と映っていたようです。もともと、福岡藩主黒田長溥の小姓を務めていたのですが、廃藩置県後に単身上京し、長州閥に食い込んでからは政財界において意のままに活動をしていた浪人です。伊藤博文、山縣有朋、児玉源太郎を裏で操るという手腕を発揮した人ですが、その長州閥とのつながりについての足跡としては東京中央区築地にある築地本願寺を訪れていただきたいと思います。

築地本願寺は東京の台所といわれた築地市場の隣にあり、摂津（関西）から移ってきた漁師たちが建立した浄土真宗の寺です。インド寺院様式の本堂は周辺のビル群のなかで異様な姿を浮かび上がらせていますが、正門右手奥に杉山茂丸が立てた「凱旋釜」という石碑が目立たぬようにありま

東京築地の築地本願寺。夜にはオレンジ色にライトアップされ、不思議な感覚に陥る。右手に拡がる築地市場とは静と動の好対象

築地本願寺の凱旋釜碑。案内看板も無いので誰も存在に気がつかないが、本当にこの下に巨大な茶釜が有ったのだろうか

す。案内看板があるわけでもないので見つけにくいかもしれませんが、これは日露戦争に勝利した際、長州閥の陸軍参謀総長児玉源太郎に戦勝記念にと贈った茶釜（醤油釜とも）を埋めたという跡を示すものです。青山霊園に眠る緒方竹虎の葬儀はこの築地本願寺で行われたそうですから、その葬儀の盛大さを偲び「凱旋釜」跡を確認されてみてはいかがでしょうか。

杉山茂丸は正式な玄洋社員ではないとも言われるものの、頭山満や平岡浩太郎など玄洋社員と緊密な関係にありました。偶然にも、出会いの始まりは青山霊園（当時は青山原頭という原っぱ）での旧福岡藩主黒田長溥の埋葬式に頭山満、平岡浩太郎、杉山茂丸が参列したのが機縁となっています。旧藩主黒田長溥が三人を引き合わせたとしか思えないのですが、この三人の結びつきはある意味、時代の必然だったのかもしれません。

アメリカの太平洋進出と「布引丸事件」

さきほど、アメリカの大陸横断鉄道が完成したことで海洋国家アメリカが太平洋に制海権を必要としたと述べました。明治十二年（一八七九）にはアメリカのグラント前大統領が来日し、日本と清国（中国）との間でもめていた琉球（沖縄県）の帰属問題で勧告を行なっているのですが、これなども太平洋に面することになったアメリカの覇権意識の表れであると思います。

従来、清国（中国）はアジアの中心であり、朝貢冊封関係によってアジアにおけるパワーバランスを維持していましたが、インドからアヘンを輸入（密輸も）する際のイギリスとの貿易もこの朝貢冊封関係によって行われていたのです。清国と交易をしたければ清国に従属することを誓約させていたため、イギリスにとって屈辱的な貿易だったといわれています。この朝貢冊封関係には軍事力による保護も含まれていたのですが、一八四〇年（天保十一）のアヘン戦争によってイギリスと清国との立場は逆転し、朝貢冊封関係も崩壊してしまったのです。しかしながら、日本は清国を中心とする文明の周辺国としてしか扱われていなかったために清国との朝貢冊封関係は存在していませんでした。これは文明の序列からして日本は朝鮮の下として扱われていたからと思います。

明治三年（一八七〇）、日本の政治体制の変更から清国に通交を求めたところ、翌年には国家同士としての日清修好条規を結ぶことができたのですが、これはイギリスの影響力が働いたためと思います。薩摩藩に支配され、清国に対しても朝貢冊封関係にあった琉球（沖縄県）は薩摩藩と清国との二重支配を受けていたのですが、アヘン戦争によって清国の朝貢冊封体制というパワーバランスが崩壊しているにも関わらず、清国は琉球（沖縄県）を支配下にあると主張したことから問題が生じたのです。このパワーバランスの崩壊はオランダがヨーロッパの戦争によって敗退し、アジア地域における覇権が及ばなくなったことでフェートン号事件が起きたのと同じことなのですが、肥大化した清国は世界の政治体制の変化に迅速な対応ができなくなっていたのです。

話はずっと下りますが、明治三十一年（一八九八）、アメリカとスペインはカリブ海に浮かぶキューバの領有をめぐって戦闘状態となり、このことは当時スペインが領有するフィリッピンにも飛び火しました。このときアメリカは、独立を餌にフィリッピンの民族主義者たちに戦争協力を求めたのですが、アメリカはその約束を果たすことなくフィリッピンを植民地として併合してしまいました。このことから明治三十二年（一八九九）一月五日、フィリッピンのアギナルド将軍は反米独立を宣言してアメリカとの独立戦争を始め、大統領に就任したアギナルドは部下のポンセを日本に送り込み、武器の調達と資金援助を日本滞在中の孫文に依頼したのです。

これに対して、孫文の中国革命を支援していた宮崎滔天《みやざきとうてん》、平山周、玄洋社の末永節《すえながみさお》が大量の武器、弾薬をフィリッピンに送る手はずを整えましたが、武器、弾薬を積んでいた貨物船が折からの台風で沈没してしまいフィリッピンの独立革命軍に渡ることはありませんでした。この上海沖で沈没した船が布引丸という船名であったためにこの独立支援事件は「布引丸事件」と言われるようになったのです。武器、弾薬の調達は孫文を支援していた犬養毅が配下の中村弥六に依頼したものですが、この軍資金は二度にわたって中村が着服し、中村から大倉組に調達を依頼したかのように偽装されていました。領収書まで偽造した計画的な犯行でしたが、この中村弥六の裏切り行為はアメリカのグラント前大統領が琉球（沖縄県）の帰属問題を仲介したことからアメリカとの無用な紛争を避けるための処置だったようです。本来、貨物船の沈没事故として扱われるべき内容ですが、未遂とはいえ「布引丸事件」と称されるようになんらかの事件性が存在していたことになります。このフィリッピン独立運動を玄洋社が支援したことは、アメリカを敵に回してしまったということです。

この「布引丸事件」の裏には明治陸軍の三羽ガラスと謳われた川上操六《かわかみそうろく》が関係していたといわれています。アメリカと無用なトラブルを起こさないために不用となった陸軍の銃器、口径も合わない廃棄前の銃弾を積みこませ、意図的に沈没させたとのことです。この川上操六の墓は青山霊園にありますが、犬養毅から「釈明せい！」と詰められている様子を想像すると、脂汗を垂らす川上の姿が浮かび上がってきます。

明治時代、大卒初任給は四十円ほどといわれていますが、中村弥六は合計四万五千円を着服していました。現代の新卒初任給がおよそ二十万円ほどですので、単純に計算しても二億二千万円に相当します。この消えた四万五千円ですが、平岡浩太郎から甥の内田良平（黒龍会主幹）に渡され、布引丸の燃料である石炭は内田良平のもうひとりの伯父平岡常太郎が用意したものだったそうです。中村弥六の裏切り行為は後に真実が明るみに出たものの、犬養毅の政治生命に影響があるとのことで公表されていません。そのため、一部の記録には中村はフィリッピン独立運動を支援した人となっています。

インド独立の闘志、ボースの神隠し事件

独立運動といえばフィリッピンのみならず、イギリスに支配されたインドにおいても秘かな抵抗が続いていました。イギリスのインド支配の始まりは一七五七年のプラッシーの戦いがそれになりますが、この頃の日本は徳川吉宗が亡くなり、徳川家重の時代です。すでに日本近海にロシア船が出没し始めた時代でもあったのですが、イギリスがインド方面に進出したことから大陸国家ロシアは防衛線拡大のために一七〇七年にはカムチャッカを占領しています。一七〇五年、日本では「生類憐れみの令」で有名な徳川綱吉の時代に、早くもペテルブルグに日本語学習所が開設され、さらに一七六八年にはイルクーツクにも日本語学校が設けられ、ロシアは着々と南下政策を進めていた

のです。

一八五八年（安政五）、イギリスはインドを併合した後、一八七七年（明治十年）にイギリス領のインド帝国として完全支配したのですが、このイギリスの植民地支配の特徴としては「君臨すれども統治せず」というスタイルであったことです。イギリスはインドを植民地として取り込むのですが、主要な都市に監督官を配置するだけで、実質的な行政に関してはインド人に任せています。この植民地支配は見た目穏やかなインド人による統治のようですが、その実、収益はイギリス人が抱え込み、人種的な差別も激しかったのです。

インドにおける独立運動で有名なのはガンジーによる無抵抗主義ですが、なかにはラス・ビハリ・ボースのように植民地政府のハーディング総督を爆殺しようとした猛者もいました。ラス・ビハリ・ボースといっても現代の日本人には馴染みがありませんが、今でも東京新宿に「新宿中村屋」というレストランが営業しており、この「新宿中村屋」の娘婿であり名物のインドカリーを伝えた人物がその人です。このラス・ビハリ・ボースは明治十九年（一八八六）の生まれですが、明治三十七年（一九〇四）に始まった日露戦争において日本が白人国家ロシアを破ったことからインドもイギリスから独立できると確信し、その計画を実行に移したのです。日露戦争における日本の勝利はインド人のボースのみならずロシアに虐げられてきた国々に勇気と希望を与えたのですが、この影響を受けたボースは単発の行動が即座に独立に結びつくわけではないと知りつつも、ハーディング総督に爆裂弾を投げることでイギリスに対する示威行動として実行したのです。

大正四年（一九一五）四月、ハーディング総督を襲撃した犯人としてボースはイギリス官憲から追われる身になり、日本に逃亡してきました。ロシアに勝利した憧れの日本を目指したと一説には言われているのですが、明治三十五年（一九〇二）に日本はイギリスと同盟を結び、日本に逃れたとしてもイギリス政府の要請でボースは逮捕、もしくは国外追放されるのは目に見えていました。インド独立派のひとつであるガダル党が日本において地下活動を行っており、その代表であるバグワーン・シンを頼ったのが真実ではないかと思います。

　日本に逃れてきたボースは日英同盟の関係から国外退去を求められましたが、この日本政府の対応に正面から反対し、ボースを守ろうとしたのが玄洋社の人々でした。現在、アメリカ大使館がある東京港区赤坂の霊南坂には頭山満、寺《てら》尾《お》亨《とおる》、的野半介の自宅が隣接して建っていました。当時、日本に亡命していた孫文からの要請で玄洋社のメンバーはボースの身柄を保護することになり、国外退去の直前、寺尾亨の屋敷で開かれていたボースの送別会場からボースを逃がすことに成功したのです。内田良平、杉山茂丸、葛《くず》生《う》能久《よしひさ》たちの連携プレーは「ボースの神隠し事件」として日本中が喝采を贈る事件となったのですが、このことで頭山を筆頭とする玄洋社、黒龍会はイギリスにとって許し難い敵となったのです。

　そのボースの隠れ家として用意されたのが相馬愛蔵、黒光夫妻が新宿で営んでいた中村屋というパン屋だったのです。自宅の裏にあるアトリエにボースは匿われていたのですが、ボースは通訳を兼ねて身の回りを世話していた中村屋の一人娘である俊子と結婚し日本に帰化しました。結婚にあたっては頭山満夫妻が媒酌人となったそうです。娘婿となったボースはインド貴族が食べるカレーである「インドカリー」を中村屋の名物に仕立て上げたのですが、この本場インドカリーは日本に亡命したボースと俊子とが結ばれたことによって生まれたため、「恋と革命の味」として評判を呼び、現在に至っています。

この事件には頭山満だけでなく犬養毅、緒方竹虎も日本政府との交渉、政府批判を展開するなどをしていますので、この事件に話題が及んだ時には青山霊園はさぞかし賑やかになるのだろうなと思います。

昭和二十二年（一九四七）にインドはイギリスから独立しましたが、昭和三十二年（一九五七）にはインドの初代首相であるネルーが娘のインディラを伴って訪日しています。このネルー来日の折、インド独立に貢献したとしてネルーは元黒龍会主幹であった葛生能久を顕彰しました。インドからすれば味方、イギリスからすれば敵という図式ですが、玄洋社、黒龍会を侵略者集団と評する人たちはこの事実をどのように見るのか、知りたいものです。

また、このネルーの訪日以前、インド政府はインド象を日本に送り届けているのですが、これは、上野動物園の象が戦争中に餓死処分されたことから、東京在住の子供たちがネルー首相に象を送ってくださいと手紙を書いたことによるものです。インディラというインド象の名前はネルー首相の娘の名前から付けられたものだそうです。

国父の孫文

さきほど、イギリスの要請で国外退去直前のボースを玄洋社のメンバーが逃亡させた話をしましたが、その演出の舞台となったのは寺尾亨の屋敷でした。寺尾亨は東京帝国大学法学部教授でありながら、アジアから欧米列強を放逐することに情熱を傾けたひとりでしたが、この時代の人々にはまだまだ尊皇攘夷思想が強く息づいていたのではないかと思います。この寺尾亨は法学者という経歴を生かして孫文の革命政府法律顧問を務めたのですが、その孫文については歴史教科書での「辛亥革命の孫文」で終わり、実績については詳細に知らないのが実際ではないでしょうか。

昔、この孫文が強烈な印象として焼き付いてしまったことがあります。仕事の関係で福岡市内の在日華僑団体を訪問したことがあるのですが、その事務所では言葉使いに気品を感じさせる中年女性が応対してくれました。これといって変わり映えのしない事務所だったのですが、その女性が座る後ろを見て、不思議で不思議でしかたがないのです。海峡を挟んで毎日、毎日、大砲やミサイルを撃ち込みあっているという台湾の蔣介石、中共の毛沢東の写真が仲良く横に並べられ、その両名の上に孫文の写真が「君臨」しているのです。当時、日本国内では台湾、中共の国旗が並んではためくことさえ国際問題として騒がれ、台湾の飛行機は羽田、中共の飛行機は成田と利用する空港を区分してまで気を遣っていたのです。ところが、この事務所では台湾の蔣介石、中共の毛沢東が同列で並んでいるのです。それも孫文の下で。後に台湾、中共のそれぞれから孫文は「国父」と呼ばれていることを知りましたが、この本音と建前、理想と現実の乖離が、いまに至るもうまく頭の中で整理をつけることができません。

昭和四十七年（一九七二）二月、アメリカのニクソン大統領が電撃的な訪中を果たし、日本の頭越しに米中関係が進展していきました。このアメリカに追随する形で日本も昭和四十七年（一九七二）九月に田中角栄首相が訪中、昭和四十九年（一九七四）一月に大平正芳外務大臣（当時）が訪中したことで日中の国交が樹立したのです。インドのネルー首相がインド象を贈ったように、中国政府からも珍獣といわれたパンダが送り届けられ、日本は空前の中国ブームに沸き返りました。

その中国ブームが一段落した昭和五十三年（一九七八）八月には日中平和友好条約調印のために園田直外務大臣（当時）が訪中しましたが、このときのことでおもしろいエピソードがあります。北京空港に日本政府の専用機が到着すると、中日友好協会会長の廖承志《りょうしょうし》という中国政府要人が乗り込んできました。外務大臣を熱烈に歓迎するためかと思いきや、園田外務大臣を素通りして随員の一人である頭山興助《とうやまおきすけ》氏を探し始めたそうです。孫文とともに日本に亡命し玄洋社の頭山満の支援を受けた廖承志にとって日本政府の代表よりも頭山満の孫である頭山興助氏の方がはるかに大事だったというものなのです。これは玄洋社がどれほど孫文を全面支援していたかの証ではないかと思います。

二律背反という言葉があります。同時に主張される二つの命題が、互いに矛盾して両立しないことをいいますが、台湾の蒋介石、中共の毛沢東の関係もそれにあたるのではと思います。同時に、侵略の手先として批判される玄洋社、黒龍会の存在も二律背反なのではと思えてなりません。

日本の敗戦後、英米を中心とする連合国軍からはA級戦争犯罪人が指名されましたが、玄洋社からは広田弘毅、進藤一馬《しんとうかずま》、黒龍会からは内田良平の後を継いだ葛生能久《くずおよしひさ》が巣鴨に収監されました。英米を中心とする連合国軍から見れば、玄洋社、黒龍会はアジアを戦場に化し、侵略戦争を主導した超国家主義団体となりますが、反面、中国建国の父である孫文からすれば、欧米の侵略から解放してくれた団体になります。これは、イギリスの植民地支配からインドを救った勇士として葛生能久が顕彰されたことと同じではないかと思います。

昭和四十九年(一九七四)四月、通っていた高校の同級生が「訪中青少年の船」のメンバーに選ばれ中国に向かいました。現代のように気軽に海外に出かけることができる時代ではなかったので、未知の国中国に向かう友人がとても羨ましかったのを覚えています。その「訪中青少年の船」の団長がかつてのA級戦争犯罪人であった進藤一馬福岡市長(当時)だったのですが、不思議だったのは、進藤市長(当時)はかつて福岡選挙区を地盤とする自民党の衆議院議員だったのです。率先して中国を訪問する進藤市長(当時)を見て、このとき、中国ブームに便乗したのかなと思っていました。

後年、東條英機軍事政権の弾圧によって自決した衆議院議員中野正剛の秘書が進藤一馬であり、緒方竹虎の死去にともない衆議院議員になったことを知りました。進藤一馬の父進藤喜平太は玄洋社草創メンバーの一人ですが、進藤喜平太の薫陶を受けていたのが中野正剛、緒方竹虎、広田弘毅だったのです。この人間関係を知って進藤市長が中国に向かった背景には孫文と玄洋社の古い関係からのものだったと理解できたのです。

内田良平の「天祐侠《てんゆうきょう》」から

孫文は明治二十八年(一八九五)、政治改革を求めて広州で革命蜂起し、幾度となく失敗しながらも一九一一年(明治四十四)に革命を成功させ、後の中華民国建国の父となりました。その蜂起と失敗の間、孫文は何度も日本に亡命してきましたが、そのたびに孫文を支え続けたのが玄洋社、黒龍会の面々でした。黒龍会主幹の内田良平は講道館にも学んだ柔道家でもあるのですが、その頑強な肉体で亡命中の孫文のボディガードとして刺客の前に身をさらけだすほどでした。この内田良平が朝鮮半島、大陸を侵略する日本の軍部の先兵であったと評されるのは、朝鮮で起きた「東学党の乱」に「天祐俠《てんゆうきょう》」という義勇軍を編成して乗り込んだことが原因ではないかと思います。

東学党は一八六〇年（万延元年）に崔済愚《さいさいぐ》が儒教、仏教、道教の三教を折衷した新しい宗教団体を興したことに始まるのですが、衆生の救済、現世利益《げんぜりやく》を目的としていました。この当時の朝鮮では両班《やんばん》と呼ばれる貴族が住民の生殺与奪権を握っており、厳しい年貢の取り立てによって庶民は苦しみ続け、その果ての反乱だったのです。この「東学党の乱」は明治二十七年（一八九四）四月に起きたのですが、乱が起きる直前の三月、金玉均《きんぎょくきん》が上海で暗殺されたことが「天祐俠」を編成した大きな要因だったのではと思います。かつて、小笠原において来島恒喜、的野半介、竹下篤次郎が金玉均と朝鮮の政治改革について話し合いを続けたと話しましたが、平岡浩太郎の義弟でもある的野半介の意向を受けて内田良平が朝鮮に乗り込んだのです。「天祐俠」は軍部の先兵というよりも金玉均と来島恒喜との約束を果たすためと言う見方もできるのではないでしょうか。

昭和二十三年（一九四八）十二月二十三日は東京裁判（極東国際軍事裁判）におけるA級戦争犯罪人七名の処刑が行われた日です。皇太子殿下（現在の上皇陛下）の誕生日に執行するという念の入れようでしたが、死刑を執行した連合国軍（実質的にはアメリカ軍ですが）は執行後の遺体を引き渡さないばかりか、焼却後の骨の一片すらも遺族に渡さないという徹底ぶりでした。日本人の感情からすれば、せめて骨ぐらいはと思うのですが、これがやはり文化の相違なのかと思います。

文化の相違といえば、欧米人に理解しがたいこととしてA級戦争犯罪人として訴追された広田弘毅の妻が自害したこともあるのではないでしょうか。広田弘毅の妻静子は広田が巣鴨に収監された後、薬物によって自害しているのですが、まだ死刑判決が出る随分以前のことです。広田自身、死刑は免れないというよりも、免れようという気持ちも抱いていなかったと思います。一点の曇りもなく、日本と日本人の全ての罪を総理大臣という職務にあった身として一身に背負う覚悟を広田は抱いていたのだと思います。

この広田弘毅の死を決意しての出廷においては、やはり、妻静子の父、月成功太郎《つきなりこうたろう》の影響なのではと思うことがあります。月成功太郎は若き日、来島恒喜とともに外務大臣大隈重信暗殺を計画していたのですが、老母や家族を抱える月成功太郎の身を案じた来島恒喜は単独犯行に及んだのです。広田弘毅は若い頃、この玄洋社員であった月成功太郎の家に出入りして漢学を教わり、つまり、静子とは幼なじみだったというわけですが、事を起こすにあたっての始末は死をもって報いるというのが玄洋社の不文律でしたので、広田も戦争責任は命で償うものと覚悟していたのではないでしょうか。妻静子の自決は裁判にあたって後顧の憂いなくという後押しとしか思えません。

ちなみに、広田弘毅がA級戦犯となるのは当然と主張される方がおられます。その理由として陸海軍の大臣を現役の将官に限るとしたことが陸軍の独走を許したからというのです。しかし、広田が組閣する以前に起きた軍事クーデターである二・二六事件の全貌を見ていけば、反乱将校の背後で暗躍していた陸軍将官を予備役に追い込み、陸軍大臣として復活させないためのやむえない処断であったと考えます。東京裁判で証人として法廷に立った元陸軍少将田中隆吉も陸軍の皇道派、統制派の権力闘争の過程において意図的に広田内閣を妨害したと書き残していますが、この広田内閣に外務大臣として入閣予定であった吉田茂が当時の状況を最もよく知る人物と思います。

青山霊園　廣瀬勝比古、武夫兄弟の墓。左が兄の海軍少将廣瀬勝比古、右が弟の海軍中佐廣瀬武夫。霊園のメインストリートに面して建っており、いかに軍神廣瀬として人気が高かったかが分かる

ある時、友人から東京ドームの近くにある講道館図書資料部に案内してもらいました。ここには柔道の創始者である嘉納治五郎師範の稽古着や資料などが展示してあり、今でも世界中の柔道家が柔道発展の歴史を知るために訪れてきます。この資料部には勝海舟の書があるのですが、道場を開いた嘉納治五郎のために海舟が認めたものです。柔道と勝海舟の結びつきが分からなかったのですが、『氷川清話』によれば勝海舟が幕府の役人を罷免されて不遇の時、嘉納治五郎の父（嘉納治右衛門）が海舟の生活支援をしていた関係と分かったのです。意外な人間関係に感心するばかりでした。

この資料部の展示品として、日露戦争での旅順港

閉塞作戦で戦死した廣瀬中佐が作戦遂行時に所持していた血染めの海図、清国（中国）の作家魯迅《ろじん》の講道館入門申請書もありました。他にも講道館奉賛会リストなどが展示してあったのですが、内田良平、広田弘毅の名前を見つけた時には随分と驚きました。いまだ歴史認識の違いで内田良平、広田弘毅の評価が定まりませんが、これを見て、彼らはまだ一面的な評価しかされていないのではと思えてなりません。

尚、廣瀬武夫中佐の墓所も青山霊園にあります。兄で海軍少将の勝比古と並んで建っていますが、日清、日露の海戦について話しているのかもしれませんが、軍神廣瀬中佐の顕彰碑のような印象を受けます。

「憲政の神様」犬養毅

青山霊園の頭山満の墓所のすぐそばには、盟友ともいうべき犬養毅《いぬかいつよき》の墓所がありますが、この犬養毅も尾崎行雄と並んで「憲政の神様」と称されるだけで、一面的な評価しかされていないのではと思います。平成二十一年（二〇〇九）、鳩山由紀夫元首相が政権の座についたとき、アジア共同体構想を表明しましたが、《「野」には滔天（宮崎滔天）、頭山満。「官」には犬養毅あり。》と評されるほど、大正、昭和の政治の世界において犬養毅はアジアを重視した首相でした。昭和七年（一九三二）の五・一五事件で凶弾に倒れたために「官」としてアジアとの関わり方が薄れてしまったのは残念に思いますが、その犬養のアジアへの支援には驚くほど熱い情熱を感じます。

犬養毅は囲碁が好きでしたが、甲申事変で日本に亡命してきた金玉均《きんぎょくきん》や頭山満とはともに盤を囲む囲碁仲間であり、もしかして青山霊園に墓があるのはアジアの政治談議ではなく、金玉均や頭山とあの世においても囲碁を楽しみたかったからではと疑うほどです。インド独立の闘志ラス・ビハリ・ボースが日本に逃亡してきた際、法に抵触する部分は玄洋社、黒龍会が受け持ち、表面において犬養が政治的折衝を続けていたのには感心してしまいました。このことは孫文の数度にわたる日本亡命においても同じで、玄洋社、黒龍会と協力して孫文への支援を惜しまないのですが、そこまでするのかと驚くのは革命には刀が必要だといって犬養自身が武器を集めたことです。刀剣にも造詣の深かった犬養は孫文の革命蜂起を聞くと秘かに自邸の日本刀七十振りを宮崎滔天の妻槌《つち》と息子の龍介に託して送りつけるという熱の入れようでした。

この犬養の支援ぶりは、孫文の病死後、孫文の意志を引き継いだ蒋介石《しょうかいせき》が孫文の棺を北京から南京へと移す「移柩式」に犬養、頭山を国賓として招いていることからも十分に犬養の情熱が伝わっていたのだなと思いました。

ボース逃亡の裏方の一人であった萱野長知《かやのながとも》もこの「移柩式」の記念写真に納まっていますが、土佐派でありながら玄洋社社員として日中間に強い絆を築いていました。犬養毅は昭和六年（一九三一）十二月に総理大臣として政権の座につきましたが、同年の九月十八日に起きた満洲事変を収束させるために萱野長知を旧知の蒋介石のもとに派遣させているのです。しかしながら、中国に向かう船中で一緒になった松井石根《まついいわね》中将（当時）は中華公使であった重光葵《しげみつまもる》（後の外務大臣、降伏文書調印時の全権大使）に「犬養は満洲事変を終わらせようとしている」と密告し、このことから犬養の書記官長（現在の官房長官）である森恪《もりつとむ》と連携し、萱野が犬養宛に送った電報を森恪に握りつぶさせて停戦交渉を阻害しているのです。外務官僚である重光からすれば大陸浪人の萱野に先を越されることは官僚としてのプライドにかかわることだったのでしょうけども、大局を見ることなく平和解決の途を閉ざしてしまったのはかえすがえすも残念なことと思います。

この青山霊園には軍事政権に移行しつつある中、議会で軍部批判を行った斎藤隆夫の墓所があります。この議会演説が問題となり、政治決着として衆議院議員を除名されたのですが、国民の意向を無視して政治家、軍部、官僚が各々の益を確保するために群雄割拠する時代でもあったということです。

宮崎滔天の「落花の歌」

犬養毅が海軍将校に暗殺されたのは昭和七年（一九三二）五月十五日の夕方のことです。この事件の背景は政党と財界が癒着して国民生活を省みないことでしたが、犬養自身に何ら恨みはないものの、政党の代表が犬養だからというのが射殺の理由だったそうです。しかしながら、この海軍将校に向かって「撃つのはいつでも撃てる、マア乱暴は止《よ》して話を聞こう」と冷静沈着に犬養が応対をしたのは有名な話です。孫文の革命蜂起にあたっても「革命には刀が要る」といって日本刀を用意する犬養の話をしましたが、この豪胆さはどこからくるのだろうかと不思議でした。若き日の犬養は報知新聞の従軍記者として西南戦争における城山（鹿児島）陥落まで留まっていたというのですから、犬養の豪胆さは鉄砲玉の下を潜り抜けた体験からきたもののようです。

青山霊園　犬養毅の墓。周囲を樹木が覆っているため、晴れた日でも撮影にはフラッシュが必要だった。同所には、犬養健（元法務大臣）の墓もある

この豪胆な犬養の墓所が青山霊園にあるとは全く知りませんでしたが、頭山満の墓に遭遇したことから存在を知りました。西南戦争では野宿に近い中で従軍記を書き、普段の生活でも質素を旨としていたそうですから静かにしておいて欲しいのだと思います。

犬養も従軍した西南戦争は鹿児島士族の叛乱と思われがちですが、旧福岡藩士族、旧熊本藩士族たちも西郷軍に合流して政府軍と闘っています。その熊本藩士族からは熊本隊と協同隊という部隊が西郷軍に加担していますが、協同隊の宮崎八郎は自由民権運動の愛国社全国集会に熊本代表として参加したひとりです。愛国社集会に参加し、西郷軍に加担するなど、よほど薩長政府に対して不満を抱いていたのだと思いますが、犬養に孫文を紹介した宮崎滔天《みやざきとうてん》の一番上の兄が宮崎八郎です。

《金で固めたガラバさんの部屋も
一つ間違や波の底
アラショカ、ショカネ
どうしょうか隊長さん》
これは熊本協同隊の隊歌として宴会でよく歌われたものだそうですが、歌詞中のガラバさんというのは幕末、薩長に最新式の西洋の武器を調達し、その後には破産してしまったトーマス・グラバーを指しています。いかに栄華を極めようとも、薩長だっていつかは没落するよと皮肉った内容だと思います。

宮崎滔天は熊本の荒尾村（現在の熊本県荒尾市）に父・宮崎長蔵の末子として生まれています。宮崎家はもともと裕福な郷士の家でしたが、宮崎長蔵が管理監督する地域の被差別部落民に対しては荒地を開墾させて生活を富ませ、正月の年賀には身分差に関係なく順番に挨拶を受けるという極めて自治能力の高い人でした。兄の八郎は西南戦争で戦死したものの、もうひとりの兄弥蔵の影響で滔天は支那革命に奔走するのですが、この時代の革命家にしては珍しく英語を話していたとのことです。犬養毅、頭山満はもちろんのこと孫文、ビハリ・ボースなど亡命者からすれば、なんとも重宝する滔天だったようです。

「落花の歌」（作・宮崎滔天）

一将功成りて万骨枯る、
国は富強に誇れども、
下万民は膏の汗に血の涙
飽くに飽かれぬ餓飢道を、
辿り辿りて地獄坂、
世は文明じゃ開花じゃと、
汽車や汽船や電車馬車、
廻はる轍《わだち》に上下は無いが、
乗るに乗られぬ因縁の、
からみからみて火の車、
推して弱肉強食の、
剣の山の修羅場裡、
血汐を浴びて戦ふは、
文明開化の恩沢に、
漏れし浮世の迷ひ児の、
死して余栄もあらばこそ、
下士卒以下と一と束《たばね》、

生きて帰れば飢に泣く、
妻子や地頭に責め立てられて、
浮む瀬も無き窮境を、
憐れみ助けていざさらば、
非人乞食に絹を衣せ、
車夫や馬丁を馬車に乗せ、
水呑百姓を玉の輿《こし》、
四民平等無我自由、
万国共和の極楽を、
斯世《このよ》に作り建てなんと、
心を砕きし甲斐もなく、
計画破れて一場の、
夢の名残の浪花武士、
刀は棄てて張り扇、
たたけば響く入相《いりあい》の、
鐘に且つ散るさくら花。
響きなば花や散るらん吉野山　心して撞け入相の鐘。

これは宮崎滔天が作った「落花の歌」ですが、この歌の中に滔天の革命家魂が凝縮されていると思うのです。生まれつき物事を肯定的にとらえる傾向の滔天は孫文と接することで共和制国家の成立を夢見ていたのではとこの歌から窺えますが、その精神は二・二六事件で青年将校に強い影響を与えた思想家北一輝《きたいっき》にも受け継がれています。

明治六年（一八七三）、キリスト教が解禁になったことから信教について緩やかになったこともあるのですが、志士たちの中には宗教の世界に精神的よりどころを見出そうとする人物も出てきました。新渡戸稲造、内村鑑三などキリスト教の影響を受け、明治思想史に名前を残した人だけではなく、四民平等の国家を作りたいと考えていた板垣退助もクリスチャンであったと知った時には驚きました。棄教したとはいえ宮崎滔天も一時期はクリスチャンでしたが、玄洋社の奈良原到も暗記するほどに聖書を読み込んだひとりでした。政治改革だけでは人々を救うこと、魂の救済まではできなかったという証ではないかと思います。

幕末、徳川幕府の役人を中心にして遣欧使節が太平洋を渡りましたが、アメリカの進んだ近代化に随分と驚く反面、欧米人ですら急速な近代化についていけないことから精神病院までもが当時のアメリカにあったそうです。近代化という過程において宗教のみならず、予言や迷信というものが日本人の心を捉えて離さなかったのは、それほど社会が混乱していたからだと思います。

Ⅲ　迷信と科学

第四章　近代化のはざまで

日本社会が世を挙げて「文明開化」を口にするなか、欧米文化に同化できない人々、自身の中に欧米文化を懸命に取り込もうとする人々の姿を描きながら、人間社会の根本問題である貧と病を考えてみました。貧富の差、職業の貴賤に関わらず、等しく人間に与えられた時間と命の中で、世界との関わり方を宗教や迷信に求めた人々、近代科学で人間の有限の力を進捗させようとした人がいたことの検証です。

政商三井の森恪《もりつとむ》

青山霊園に眠る歴史上の人物の墓所から話を進めていますが、敵味方に関係なく同じ墓地に葬られることを死者たちはどのように思うのでしょうか。大久保利通は襲撃時の御者、馬とともに青山霊園に眠り、その大久保を襲った島田一郎たちは谷中霊園にと分かれて葬られていますので特段の問題もないのでしょうが、同じ霊園、それも近くという場合にはどのように感じるものなのでしょうか。そんな興味を抱かせる関係が犬養毅の墓所の近くにあります。犬養毅の書記官長（現在の内閣でいえば官房長官）であり、満洲事変の解決を握りつぶした森恪《もりつとむ》の墓がそれになるのですが、仕えていた総理大臣犬養毅の墓よりも大きく、死後においても「俺は偉いんだぞ」と言わんばかりの大きく見上げる墓碑には、死者に対して失礼ながら、なぜか笑ってしまうのです。

モリカクこと森恪は周辺から「大書記官長」という大げさな尊称が付けられるほどに犬養内閣を牛耳った書記官長といわれています。一応、政党人ではあるものの、モリカクを野に放つと何をしでかすか分からないということで犬養自身は手元近くに置いていたそうですが、結果的にはその犬養の命を絶つ要因を作ったのが森恪といわれています。昭和七年（一九三二）の五・一五事件での犬養の死は「政党政治の終焉」といわれていますが、犬養に抗う森の強権体質は日本崩壊のトリガー的存在であったかもしれません。同じ内閣にありながら、この二人の対立の背後に何があったのか詳細には不明ですが、明治維新をひとつの革命として見ると、革命第一世代と第二世代の意識の相違が満洲事変解決においての決別となり、それが現代日本の在り方にまで悲劇をもたらしたのではないかと思えてなりません。

青山霊園　森恪の墓。満洲国建国を推進するなどタカ派的な動きをみせるものの、親友はハト派の鳩山一郎だった。犬養毅の墓所と同じ並びにある

この森恪は三井物産の社員から政界入りをしましたが、旧制中学を卒業後受験に失敗、修業生として三井物産上海支店勤務となった人です。父親の森作太郎は三井物産の顧問弁護士を務めており、上海支店長山本条太郎（後の南満洲鉄道総裁）とは友人関係ということからコネで森恪は三井物産上海支店に入ったのですが、この上海支店勤務において森恪は北京語、広東語、英語を叩きこまれたといいます。現在の中国においては北京語（普通語）を統一の言語としていますが、当時の中国大陸においては北部と南部とでは同じ漢字を用いていても完全に異なる言語であり、そのために北京語、広東語を習得しなければならない状況でした。上海の近くに蘇州という日本人に馴染みのある町がありますが、この蘇州にも蘇州語という上海の方言とは似て非なる言語が存在し、この言語ひとつをとってみてもいかに中国大陸が広大であるかがわかるのではないでしょうか。

この三井物産の一社員である森恪がその存在を知らしめたのは、意外にも日露戦争においてでした。日本とロシアは幕末の頃から樺太や千島列島の領有権をめぐって対立する関係にありましたが、ロシアの南下政策をイギリスが食い止める中でなんとか日本はその独立を保っていたといっても過

言ではありません。日清戦争における講和条件として清国は日本に遼東半島を割譲しましたが、ロシア、フランス、ドイツの三国干渉によって日本は清国に遼東半島を返還しました。その後のロシアは遼東半島の旅順に軍港を建設するなどして南下政策を推し進め、さらには、義和団の変で欧米列強が北京に進出した後、満洲を占領していたロシアは軍を引き揚げることもなく、留まり続けたのです。このことは次第にロシアによる日本侵略の脅威となり、いつ日露の間に戦端が開かれることになってもおかしくはない状態だったのです。翻ってみれば、明治二十四年（一八九一）の軍事的示威行為ともいえるロシア皇太子訪日の時点から、この日露の戦いは予見されていたのではと思います。

結果として日露戦争は日本の勝利に終わったのですが、なかでもロシアのバルチック艦隊を撃破した日本海海戦は日本の勝利を決定づける海戦でした。この事実は世界中が認めるところですが、同時に海洋国家日本の実力をアメリカ、イギリスに強く印象づけるものだったのではないでしょうか。

《皇国の興廃この一戦にあり、各員一層奮励努力せよ》

これは連合艦隊司令長官東郷平八郎の訓令ですが、大国ロシアとの戦争に負けることは日本も日本民族も滅んでしまう国家防衛戦争として認識されていたのです。この日本海海戦の勝敗の行方はいかにしてロシアのバルチック艦隊の動向を捕捉するかにかかっていたのですが、森恪は上海中のハシケを東シナ海に展開させてバルチック艦隊の情報収集にあたったのです。幕末、官軍の要請に応じて倒幕資金を提供した三井組の流れを引く三井物産ですが、日露戦争においても森恪という極めて上昇志向の強い人物を得たことによって、政商として、戦争遂行にその役割を果たしたのです。

この森恪は日露戦争におけるバルチック艦隊の情報収集という活躍だけではなく、孫文の辛亥革命における資金提供の会談にも立ち会うという離れ業をみせています。大正二年（一九一三）七月のことですが、この革命資金の要請は孫文の顧問をしていた山田純三郎から三井物産上海支店長の藤瀬政次郎に伝達され、森恪がその秘密会談の立会をしたのです。革命資金を提供してくれたならば満洲を日本に譲渡すると孫文は約束したのですが、さほど孫文は革命資金に苦慮していたのでしょう。この満洲譲渡という大仕事の密談場に居合わせた森恪にすれば、気分は三井物産という看板を背負った大陸浪人といった風でしょうか。

「義和団の変」という義挙

孫文の辛亥革命において革命資金調達に動いたのは政商三井物産だけではありませんでした。孫文が革命を起こすにあたっては、明治二十八年（一八九五）の日清戦争における日本の勝利が大きな要因となったといわれています。今でこそ中国は複雑な多民族国家であることが認知されるようになりましたが、日清戦争は満洲族が主権を握る清国（中国）と日本との戦いだったのです。寛文二年（一六六二）、徳川幕府第四代将軍家綱の頃に起きた清国ですが、以来、およそ二百五十年近く満洲族による統治が続いていたのです。被支配者である漢民族系の孫文たちは「滅満興漢」をスローガンに漢民族による政府の樹立を考えていたのですが、「眠れる獅子」清国を打ち破った日本に孫文たちが革命支援の期待を抱くのも自然の流れであると思います。

明治三十年（一八九七）頃の清国は西欧列強に蚕食されるままでしたが、山東省においてドイツのキリスト教会が婦女暴行殺人者を匿くまい、治外法権を盾に犯人の引き渡しを拒みました。これを契機に中国の秘密結社のひとつである大刀会（ダーダオホイ）のメンバーがキリスト教会を襲撃する事件が起き、この襲撃事件への報復を口実にしてドイツは山東半島を占領したのです。このドイツの対応に危機感を募らせた大刀会などの秘密結社集団が欧米人を襲撃するようになったのですが、従来、「滅満興漢」のスローガンを掲げて清朝（満洲族）に抵抗していた漢民族が、欧米列強の侵略を阻止するのが先とみて「扶清滅洋」をスローガンに清朝を助け、欧米の侵略に抗ったのです。これが今に伝えられる「義和団の変」です。

この「義和団の変」ですが、義和団という一派が起こした反乱ではなく、複雑に絡み合う秘密結社の集合体のことをいいますが、この秘密結社については大きく分類すれば三種類に分けられます。

一、宗教的秘密結社

大刀会（ダーダオホイ）、紅槍会（ホンチャンホイ）、長髪会（チャンファーホイ）、紅旗会（ホンチーホイ）、在家裡（ザイジャーリー）、白旗会（パイチーホイ）、黄道会（ホアンタオホイ）、黄沙会（ホアンチャオホイ）、如意門教（ルーイーメンヂャオ）、八卦教（パーゴアヂャオ）

二、社会的（同業組合）秘密結社

青帮（チンパン）、紅帮（ホンパン）、三合会（サンホーホイ）、黒帮（ヘイパン）、哥老会（ゴーラオホイ）、竜華会（ロンホアホイ）、

三、政治的秘密結社

光復公会、中国革命同盟会、中国共産党

このなかでも、宗教的秘密結社である大刀会（ダーダオホイ）、紅槍会（ホンチャンホイ）、は会員数がそれぞれ数十万人と巨大な集団であるだけではなく、崇山少林寺に源を発する拳法を習得した者たちが多く、近代兵器で武装した欧米列強の陣地に拳技と棒や槍を手にして飛び込んでくるために大変に恐れられた集団でした。この崇山少林寺は起き上がりこぼしで有名なダルマさんこと達磨が開いた寺なのですが、健康維持のための拳法を修行僧に伝えたところ、それが中国全土へと広まり宗教的結社の大刀会（ダーダオホイ）などに伝播されていったものなのです。

国家が無力となり秩序を失った場合、庶民は生活の自治と自衛のために結社を構成するものですが、このことは、いつの時代、どこの国、どの民族においてもなんら変わることのない庶民の知恵なのではと思います。かつて戦国時代の日本でも織田信長による比叡山の焼き討ち、石山本願寺（現在の大阪城）との戦いがあり、幕藩体制においてもキリシタンを弾圧した天草の乱など、宗教集団と権力との争いは枚挙にいとまがありません。

この「義和団の変」において中国の民衆が欧米列強相手に戦いを挑んでいるとき、孫文は独自の革命政府樹立の機会と考え、下田歌子に資金援助を求めたのです。下田歌子は宮中の女官で和歌に秀でていたために昭憲皇太后から「歌子」の名前を贈られるほどの才女でしたが、華族女学校（学

習院女子の前身）の校長を務め、後に実践女学校（実践女子学園の前身）を創立した人物です。宮中に強い影響を持つだけに、伊藤博文、山縣有朋をバックにするほどの女傑ですが、満洲との交換条件に革命資金を準備すると孫文に快諾するほどですから、長州閥からの資金提供が可能だったのではないでしょうか。

「義和団の変」といえば、青山霊園には事変後の全権大使であった小村寿太郎の墓があります。「ネズミ公使」の異名をとるほど小さな体で素早い動きをした小村寿太郎ですが、今も落ち着きなく要人たちの間を走り回っているのではないかと思うと、笑いを禁じ得ません。

伊藤博文暗殺の予言者たち

下田歌子はその和歌の才能によって宮中に強い影響力を持っているだけではなく、伊藤博文や山縣有朋という長州閥の後ろ盾があることから天下の宰相伊藤博文とのゴシップを流されるという女性でもあったそうです。しかしながら、下田歌子のもうひとつの強みは「帝都のラスプーチン」とも「穏田《おんでん》の行者」とも呼ばれた飯野《いいの》吉三郎《きちさぶろう》という霊能者と繋がっていたことです。

霊能者といえば胡散臭さを抱かれるかもしれませんが、現代においてもスピリチュアルという言葉を普及させた江原啓之氏や自らを天草の乱を主導した天草四郎の生まれ変わりと言われる美輪明宏氏がテレビでお馴染みです。ほんの数年前までは霊能者の宜保愛子《ぎぼあいこ》がテレビ番組の常連でしたし、ハワイで謎の死を遂げた政財界お抱え占い師としての藤田小乙女《ふじたことめ》がいました。今でも週刊誌の中づり広告には政財界のお抱え占い師の記事を目にしますので、明治時代のこの予言者たちを迷信だトリックだとして簡単に笑い飛ばすことはできないと思います。

その飯野吉三郎ですが、下田歌子の後ろに控える伊藤博文と会ったときに「世界第一の大宰相となる器量だが、惜しいことに畳の上では死ねまい。国の犠牲になって死ぬ」と予言していたそうです。まさに、予言どおりに伊藤はハルビン駅頭で安重根《あんじゅうこん》の銃弾に倒れました。伊藤博文が暗殺されたのは明治四十二年（一九〇九）のことですが、明治三十七年（一九〇四）の日露戦争においても飯野吉三郎は満洲にまで出かけて総参謀長児玉源太郎に奉天会戦の作戦開始の時期を助言したといわれています。長州閥の後ろ盾があるとはいえ、一般人が前線の総参謀長の傍にいるわけですから、どれほど深く飯野吉三郎が宮中のみならず政府、軍部にまで食い込んでいたかが分かります。

この伊藤博文暗殺については飯野吉三郎だけではなく高島嘉右衛門《たかしまかえもん》も予言していたそうです。年末が近づくと書店には「高島易」という小冊子の暦が山積みになりますが、この「高島易」を編み出したのが高島嘉右衛門という易者です。この高島嘉右衛門は伊藤博文に満洲のハルビン行きを病気と偽って中止するように求めたそうですが、それはできないと伊藤が断ると「艮」「山」の文字が付く人物に注意するように助言したとも言います。驚くことに、その「艮」の文字がつく人物こそが安重「根」だったのです。もうひとつの「山」という文字がつく人物ですが、伊藤が着ていたシャツには安重根の拳銃弾とは別の銃痕が残っているとお話しましたが、これこそ、「山」の文字が付く人物の犯行なのではないでしょうか。このことから、事前に伊藤博文が襲撃されることを杉「山」茂丸が知っていたとも、外務官僚の「山」座円次郎ががらんでいたとも噂されました。

東京墨田区の木母寺「天下之糸平」碑。伊藤博文の揮毫による巨大な碑。裏面には建立賛同者の名前があるが、渋沢栄一、高島嘉右衛門、横浜富貴楼（お倉）の名前がある

先に、明治十五年（一八八二）、朝鮮に駐在する花房公使たちが巻き込まれた「壬午《じんご》の変《へん》」の日本人犠牲者の慰霊碑「守命供時《しゅめいきょうじ》」が東京墨田区の木母《もくぼ》寺《じ》にあるとお話をしました。このお寺の境内には他にも伊藤博文の筆による「天下之糸平」と大書された高さ五・二メートル、幅三メートルの碑が立っています。これは生糸、米相場で巨万の富を得、財界三傑といわれた田中平八を顕彰するものですが、この碑の裏には建立に賛同した人々の名前が刻み込まれています。その中には渋沢栄一等とともに高島嘉右衛門の名前もあり、易者が実業の世界にも食い込んでいたのかと思われるかもしれませんが、高島嘉右衛門はもともと横浜を拠点とする経済人で伊藤博文とも親しく、横浜市営地下鉄みなとみらい線「新高島駅」にも名前を残すほどの人だったのです。

清国（中国）の宰相である李鴻章《りこうしょう》は「易は支那に起こりて支那に滅び、而して今、翁（高島嘉右衛門）に因て日本に起こる」と高島嘉右衛門を高く評価しています。

《神意ヲ通ズルノ辞書ナカルベカラズ易行スナワチ是ナリ》

易とは神との通路、神の意志を知る辞書というべきものといわれていますが、いまや本家（中

国）を凌いで日本で発展しているというのも、不思議なものだと思います。

その高島嘉右衛門の墓は赤穂四十七士の墓があることで有名な東京高輪の泉岳寺にあります。以前、日清戦争に従軍して処刑された玄洋社員の山崎羔三郎《やまざきこうざぶろう》たちが「殉節三烈士」として泉岳寺に葬られていることを知り訪れたのですが、その時に高島嘉右衛門の墓があることを知りました。

東京港区泉岳寺の山門。右の土産物店に赤穂浪士討ち入りの陣太鼓が見える。この山門の左脇に「殉節三烈士」の碑があったが、今は檀家墓地にある

東京港区泉岳寺　高島嘉右衛門の墓。泉岳寺は赤穂四十七士の墓があることで有名。そのため、他の著名人の墓所は目に入らない

日露開戦の予言

日露戦争は明治三十七年（一九〇四）二月に始まりましたが、実際には日清戦争終結後にロシアが遼東半島の旅順に軍港を建設したときからが戦闘の始まりと思います。日清戦争での三国干渉（ロシア、フランス、ドイツ）による遼東半島返還後、ロシアは旅順を清国から租借したのですが、このロシアとの一戦はロシア皇太子訪日のときからの避けることのできない防衛戦争であったと思います。明治三十五年（一九〇二）に日本はイギリスとの間に日英同盟を締結しましたが、これなどもロシアの南下政策に対する日本とイギリスの相互の思惑に適った共同防衛条約であったと思います。

この日露戦争において脚光を浴びた戦いは飯野吉三郎が現地にまで赴いて児玉源太郎に助言したという奉天会戦、バルチック艦隊を迎え撃った日本海海戦ですが、なかでも日本海海戦で参謀秋山真之が用いた丁（T）字戦法が有名です。これについては様々な説がありますが、日清戦争での海軍参謀島村速雄《しまむらはやお》が黄海海戦において実証済みの作戦を明治三十三年（一九〇〇）に海軍大学校にて秋山が講義をしたことから秋山の立案と思われているようです。日本海海戦は世界の海戦史に残る戦いであったために、東郷平八郎とともに参謀秋山真之の名前が強く印象づいてしまったようです。

今も昔も、戦いは情報の質と量によって変化しますが、ロシアのバルチック艦隊を捕捉するという情報戦において森恪が上海中のハシケを東シナ海に展開させたことはお話しました。もうひとつ重要なことはバルチック艦隊がどのルートを辿って極東ロシアのウラジオストック軍港に入るかというものでした。この経過については戦史に詳しいのですが、参謀秋山真之は夢の中でバルチック艦隊が対馬海峡を通過するとお告げを受けたそうです。今の時代であれば軍事衛星で逐一、どんな細かな情報でも把握できますが、航空機も発達していない明治時代においては神がかり的なお告げも真剣に受け止められていたのではないかと思います。

神がかり的なお告げといえば、この日露戦争の勃発と終息を予言していた人物がいたことに驚きをかくせません。明治三十四年（一九〇一）の春、京都の綾部に本部を置く大本《おおもと》教の出口王仁三郎《でぐちおにさぶろう》が日露戦争勃発を予言し、さらには講和条約調印の年月日、講和条約の内容にまでその内容が及んでいたそうです。明治三十年（一八九七）頃から義和団が欧米列強を襲撃していましたので、その延長線として日露戦争を予想していたのではと疑いたくなりますが、講和条約の内容にまで及んでいたとなれば、どのように説明してよいかわかりません。

さらに、この大本教では開祖の出口ナオが明治二十六年（一八九三）の夏に日清戦争勃発を予言していたといいます。

青山霊園　秋山好古の墓。左の墓碑銘に「好古」と刻まれており、秋山家の一員という扱いに故人の人柄が偲ばれる。陸軍大将という格式ばった雰囲気はまったく感じられない

この日本海海戦で一躍有名になった参謀秋山真之は

後に大本教の本部に参拝していますが、バルチック艦隊の通過ルートを夢のお告げで受けるほどですから、大本教の予言に興味をそそられたのかもしれません。大本教本部への参拝は海軍機関学校の教官であった浅野和三郎が大本教に入信したことが大きかったと思いますが、浅野は東京帝国大学でラフカディオ・ハーンに英文学を学んだエリート中のエリートです。今でいえば脳科学者の茂木健一郎氏が大本教に入信したのと同じくらい、海軍における影響力が絶大だったのではないでしょうか。

その秋山真之の墓は当初、青山霊園の秋山好古《よしふる》の墓の隣にあったそうですが、現在は鎌倉霊園（神奈川県）に移されたとのことです。

青山霊園に残る秋山好古の墓所を探したのですが、それらしきものが目に付かずに随分と周辺を歩き回りました。陸軍大将としての秋山好古のイメージを抱いていたために隣接する北里柴三郎の墓と間違えたりと散々でしたが、日当たりのよい斜面に改装されたばかりの秋山家の墓碑銘に「好古」という文字を見つけた時には、秋山家の一故人として扱われている秋山好古に家族の温かみを感じました。

人口膨張と社会不安

三井物産の森恪は日露戦争におけるバルチック艦隊の情報収集だけではなく、孫文の辛亥革命における資金提供にも立ち会うという動きをみせたことをお話しました。この革命資金提供の見返りとしての満洲譲渡話はいくつもありますので、革命が失敗して日本に亡命するたびに孫文は資金提供者に対して申し出たものと思います。現在の感覚からすれば自国の領土を担保にするなど考えもつかない申し出ですが、満洲族、蒙古族、漢民族、朝鮮族など複数の民族が満洲に居住し、近代国家としての主権が明確でなかったことから譲渡という話が容易に出てきたのだと思います。加えて、漢民族系の孫文からすれば満洲は万里の長城の外側、文明も及ばない地域と捉えていたようです。

日露戦争前、南下政策をとるロシアは満洲を自国の支配下に取り込み、その動きは現在の中国東北部（旧満洲）にまで伸びてきていました。ハルビンなどはアジアのモスクワとも評されるほどにロシアが開発資金を投入したところです。ウラジオストック軍港は冬場には凍結するため、不凍港としての軍港旅順を得たロシアとすれば満洲を抑え込むことは国家戦略に適ったものだったのです。しかし、うがった見方をすれば、日本に満洲を譲渡すれば南下してくるロシアと中国との間に日本支配地という緩衝地帯を設けることができ、ロシアの侵略を防ぐ満洲と孫文は考えていたのかもしれません。

この当時、日本国内においては明治二十七年（一八九四）に庄内地方で大地震、翌年の明治二十八年には酒田地方の大火、明治二十九年には三陸地方の大津波に赤痢が蔓延しています。明治三十年（一八九七）には足尾鉱毒事件、明治三十二年（一八九九）に神戸においてペスト、続く明治三十三年にも東京においてペストが蔓延するという社会不安に襲われていました。明治三十年（一八九七）にようやく志賀潔が赤痢菌を発見するなど医学水準も上がってきたとはいえ、神がかり的な対外戦争の勝利に加えて学校教育制度、衛生に関する知識が不十分ななか、迷信や病気なおしの新興宗教が日本国民の間に広まっても不思議はない時代だったのです。

◇日本の人口推移

明治八年	（一八七五）	三五三二万人
明治三十三年	（一九〇〇）	四三八五万人
大正十四年	（一九二五）	五九七四万人
昭和二十五年	（一九五〇）	八三二〇万人
昭和五十年	（一九七五）	一億一一九二万人
平成十二年	（二〇〇〇）	一億二六九二万人

これは、明治八年（一八七五）から二十五年ごとの日本の人口推移をみてみたものです。昨今、少子化が日本の社会問題になっていますが、明治三十三年（一九〇〇）から比べると現在はおよそ三倍の人口に増加していることがわかります。明治十九年（一八八六）にはコレラの大流行で十一万人が亡くなっているにも関わらず、それでも人口が増加し続けており、ハワイへの移民が試みられたのもこの頃のことです。明治二十九年（一八九六）には日本人のハワイ移民に制限が設けられ、明治四十二年（一九〇九）にはハワイ移民が停止されてしまうほどですから、どれほど日本人がハワイに移って行ったかの表れだと思います。孫文の革命資金援助に対する満洲譲渡の交換条件は移民先を確保しなければならない日本として願ったり叶ったりの申し出であったことは間違いありません。

この人口膨張という国家的な問題ですが、その原因は明治維新にあったのではと思います。現在の中国の人口は十四億人とも十五億人ともいわれていますが、今から六十年以上も前の中国の人口は四億人ほどでした。それが一挙に増加したのは、中国共産党によって身分社会が崩壊し、貧富の差を解消し、誰もが自由に結婚できるようになったことから人口が増加していったといわれています。従来「ひとりっ子」政策を継続しなければならなかった中国ですが、同じように明治時代の日本において人口が急増したのも身分差と貧富の差解消によるものではないでしょうか。人間もひとつの動物と考えれば、環境によって増殖度合いが変化するということです。

先ほど、北里柴三郎の墓を秋山好古の墓と間違えた話をしましたが、北里柴三郎といえば破傷風の原因を究明するなど細菌研究で有名です。陸軍軍医総監でもあった森鷗外との脚気論争は有名ですが、医学の発達も人口増加の後押しをしたのだと思います。

新興宗教と病気なおし

明治政府は明治元年（一八六八）、神仏分離令によって廃仏毀釈という政策を打ち出しました。この影響は浄土真宗東本願寺派が朝鮮の釜山に別院を設けて海外布教に生き残りをかける機縁となりましたが、諸外国の圧力で明治六年（一八七三）にはキリスト教が解禁となり、神道においても明治十一年（一八七八）黒住教、明治三十三年（一九〇〇）金光教、明治四十一年（一九〇八）天理教が神道宗派として独自の布教組織を確立するに至ったのです。なかでも明治二十五年（一八九二）に開教したといわれる大本教は日清、日露の戦争勃発の予言や病気なおしで信者を集めていきましたが、浅野和三郎に代表されるように海軍組織にまで食い込むほどの勢力をみせています。この新興宗教ともいうべき宗教集団の発生は義和団にみられるように、宗教的結社によって生活の自治と自衛のために構成された庶民の知恵という印象を受けます。

大本教は先述の日清、日露の戦争勃発を予言するのみならず、関東大震災、第一次世界大戦、大東亜戦争（太平洋戦争）にまでその予言は及んでいましたが、教団勢力を拡大したもっとも大きな要素は予言よりも「病気なおし」という不治の病を治してもらうことでした。今でこそ盲腸（虫垂炎）手術といえば開腹手術か投薬で治る一般的な病気のひとつですが、驚くことに開腹手術が始まったのは昭和の初めであり、原因不明の苦しみにのたうちまわりながら死を待つしかない病気だったのです。そう考えれば、手術も薬もない時代、人間にとって神仏に加護を求めるしかなく、もし、仮にその病気が治ったとなれば奇跡を目の前で見せてもらったのと同じだったのではないでしょうか。大本教のみならず天理教においても「病気なおし」の祈禱は行われていましたが、これは信者を積極的に獲得しようというよりも、貧困に苦しみ衛生という知識の無かった庶民が、最後にすがる手段だったのではと思います。教団という集団に所属することで生活の相互扶助、精神的安定が得られるのであれば、新興宗教が拡大をしていくのは自然の摂理だったのです。

近代医学が発達した現代においても、原因は解明されてもガンやエイズの処方箋、特効薬の開発にまでは至っていません。海軍機関学校という科学を集結させた学校の教官であった浅野和三郎といえども、その教官職をなげうってまでも大本教に入信したということは「病気なおし」というものが当時の人々の最大の願いであったことは否定できません。合気道の創始者である植芝盛平も父親の病気が機縁で大本教の本部がある京都府綾部に移り住んだのですが、鉄砲玉の弾道が見えるというほど「気」に優れていた人物でさえも魅かれるのですから、不思議な力が大本教にはあったのでしょう。

現代においても、新・新宗教に区分される宗教団体が登場していますが、成果主義、弱肉強食、優勝劣敗という社会変化のなか、集団を組むことで人間は生き残りをかけているのではと思えます。

福岡県太宰府市にある観世音寺。日本三戒壇院のひとつで、鐘や仏像など国宝を多く有する。大宰府政庁跡の東隣りにある

天平五年（七三三）、聖武天皇は詔を出して伝染病対策を命じたという記録があります。当時の伝染病は腸チフス、天然痘、麻疹《はしか》、赤痢、ジフテリアですが、このような病気にかかると「天罰」と信じられ、ただただ、神仏に祈るしか快復の方法はなかったそうです。

福岡県筑紫野市に俗明院《ぞくみょういん》という地名が今も残っていますが、ここには日本初の国立病院ともいわれる施設があったところです。当時は「続命院《ぞくみょういん》」と記されていたそうですが、これは福岡県太宰府市にある観世音寺の付属施設で、弘仁十三年（八二二）に大宰大弐《だざいのだいに》（大宰府政庁の次官）であった小野岑守《おののみねもり》が設置した救護所です。観世音寺の僧が管理をし、大宰府滞在中に病気になった人々を収容する施設とのことですが、天平の時代も現代も、不治の病に対して人々は祈るということでしか病魔に打ち克つことはできないということです。そう考えると人間というものはいかに無力な存在なのかと思ってしまいます。

先ほど、日本赤十字社を創立した佐野常民の墓所が青山霊園にあるとお話しましたが、この佐野常民とともにコレラなどの伝染病撲滅のための衛生思想を普及させた長与専斎の墓もここ青山霊園にあります。伝染病を迷信と信じ込む明治の人々を啓蒙するのはさぞかし大変なことだったろうと同情します。

近代の人々の届かぬ祈り

《誰《た》そ我にピストルにても撃てよかし伊藤のごとく死にて見せなむ》

この短歌は二十七歳という若さで亡くなった石川啄木《いしかわたくぼく》が詠んだ歌です。石川啄木は明治十九年（一八八六）岩手県に生まれ、盛岡中学校に進学し、上級生の及川古志郎《おいかわこしろう》（後の海軍大臣）の影響で与謝野鉄幹《よさのてっかん》の詩に触れ文学に目覚めた人です。

《東海の小島の磯の白砂にわれ泣きぬれて蟹とたはむる》
《はたらけどはたらけど猶わが生活楽にならざりぢっと手を見る》
《友がみなわれよりえらく見ゆる日よ花を買ひ来て妻としたしむ》
《不来方《こずかた》のお城の草に寝ころびて空に吸われし十五の心》
《ふるさとの訛なつかし停車場の人ごみの中にそを聴きにゆく》

石川啄木の短歌はすらすらと流れるような韻律ですが、その言葉が簡明なだけに隠れた心の鬱屈や悲しみがじわりと忍びこんでくる気がします。そうかと思えば、安重根の凶弾に倒れた伊藤博文のごとく一発の銃弾でひと思いに名を残して死ぬことができたらという冒頭の歌も詠んでいます。

明治三十八年（一九〇五）、二十歳の時には与謝野鉄幹の跋文《ばつぶん》で詩集『あこがれ』を出し、天才詩人と評されもした石川啄木ですが、不遇の時代を過ぎ、惜しいことに肺結核で亡くなっています。

この時代、肺結核は国民病とも亡国病ともいわれ、最も恐れられた病気でしたが、肺結核で亡くなった人物といえば、高杉晋作《たかすぎしんさく》、樋口一葉《ひぐちいちよう》、正岡子規《まさおかしき》がいます。正岡子規の子規などは血を吐くまで泣き続けるホトトギスになぞっての自虐的な筆名ですが、不治の病、死ぬことでしか安楽を得られぬ病気だったのです。この肺結核は日本人特有の病気ではなく、ドイツの小説家トーマス・マンの作品である『魔の山』にもスイス・ダボスにある結核療養施設（サナトリウム）での肺結核治療風景を描いた作品があり、人類共通の病気であったことがわかります。トーマス・マンは一八七五年（明治八）生まれですので、同時代、世界中の人々が肺結核に悩まされていたということです。

一八八二年（明治十五）、ロベルト・コッホによって結核菌が発見されたものの、その対処法は一九二九（昭和四）のフレミングのペニシリンの発見、一九四四年（昭和十九）のワックスマンによるストレプトマイシンという特効薬が開発されることを待たなければなりません。日本では昭和二十六年（一九五一）に結核予防法が制定され、結核の撲滅が始まったのですが、小学校時代、ツベルクリン反応によるＢＣＧ注射を打たなくてもよいようにと真剣に祈ったものでした。

現在、テレビのＣＭでも放送されていますが、四人に一人は結核にかかっているといいます。衛生状態、栄養状況、暖房設備が完備した現在、まさかと思いますが、テレビタレントが肺結核で出演できなくなったニュースを見れば、現実問題であると理解できます。入院加療で快復する病気ですが、原因も対処もわからない時代、肺結核患者は周囲の差別に苦しみ続けたのではないでしょうか。

石川啄木の生誕から遅れること十年、宮沢賢治も岩手県に生まれ啄木と同じ盛岡中学校に進学しています。賢治は急性肺炎で三十七歳にして亡くなっていますが、二十二歳のときに徴兵検査に合格したものの、徴兵免除になっています。この徴兵免除は賢治をシベリア出兵という惨禍から救いだすことになるのですが、賢治自身はもともと肺に疾患を持っていたのかもしれません。軍隊では徴兵検査時、肺結核の蔓延と発覚を恐れて肺浸潤、肋膜炎という病名を付けて徴兵免除にしていたそうですから、賢治も肺結核とは知らずに軽度の肺疾患として過ごしていたのではないかと思われます。

「あめゆじゅとてちてけんじゃ」（みぞれを取って来て賢ちゃん）

これは二十四歳にして肺炎で亡くなった賢治の妹トシが病床から賢治にかけた言葉です。「今日のうちに遠くへ行ってしまう私の妹よ」で始まる『永訣の朝』という詩の中に出ていますが、賢治の才能を信じて献身的に尽くした妹トシの臨終の場は読む者に涙を禁じ得ません。幼い頃から浄土真宗の経典を暗誦し、法華経に帰依した賢治ですが、祈っても祈っても癒えない病があることに人間としての無力を深く感じたのではないかと思います。

『永訣の朝』（手書き原稿からの書き写し）

けふのうちに
とほくへいってしまうわたくしのいもうとよ
みぞれがふっておもてはへんにあかるいのだ
（あめゆじゅとてちてけんじゃ）
うすあかくいっそう陰惨な雲から
みぞれはびちょびちょふってくる
（あめゆじゅとてちてけんじゃ）
青い蓴菜《じゅんさい》のもやうのついた
これらふたつのかけた陶椀に
おまえがたべるあめゆきをとろうとして
わたくしはまがったてっぽうだまのように
このくらいみぞれのなかに飛びだした
（あめゆじゅとてちてけんじゃ）
蒼鉛《そうえん》いろの暗い雲から
みぞれはびちょびちょ沈んでくる
ああとし子
死ぬといういまごろになって

わたくしをいっしょうあかるくするために
こんなさっぱりした雪のひとわんを
おまえはわたくしにたのんだのだ

《年ごとに肺病やみの殖えてゆく村に迎へし若き医者かな》
そのものずばり、時代を脈んだ石川啄木の歌です。

宮沢賢治という宗教と科学を極めた人

《あけがたの「電気化学」の峡を来るきたかみ川のしろき波かな》
これは宮沢賢治が詠んだ歌なのですが、『銀河鉄道の夜』、『セロひきのゴーシュ』、『注文の多い料理店』など数多くの童話を残している賢治だけに、短歌とはいえ「電気化学」という単語が混じることに不思議を感じられるかもしれません。宮沢賢治に対しては『雨ニモ負ケズ』という有名な詩があるために農家の息子という印象を持たれるかもしれませんが、岩手県花巻市の裕福な商家に生まれ、盛岡高等農林学校に学び、後に花巻農林学校の教員も務めています。盛岡高等農林学校では農業化学を学び、農学、地質学、化学の専門知識を持ち、時にセロを弾き、エスペラントを含む外国語を学び、絵を描き、花檀までデザインするマルチな才能を持つ人だったのです。保育園の頃、園庭にあった白い象の形をした滑り台を見ては『オツペルと象』の象を想像し、『双子の星』で宇宙を感じた身にとって、これらの新事実は花巻市の「宮沢賢治記念館」を訪れて初めて知るもので

花巻市の「宮沢賢治記念館」にあるお土産物店「山猫軒」。賢治の名作である『注文の多い料理店』をモデルにしているが、星型グラスのリンゴジュースを飲ませてくれる

“The Twin Stars” と英語にも翻訳された童話『双子の星』。賢治の宇宙観を子供にも分かりやすくしている（浦辺 恵・画）

した。

宮沢賢治は明治二十九年（一八九六）の生まれですが、賢治が学んだ盛岡高等農林学校は明治三十六年（一九〇三）に開校されていますので、明治政府がいかに西洋の近代科学の普及に懸命であったかがわかると思います。治外法権、関税自主権を持たない不平等条約下、当時の日本はいかにして欧米列強の植民地とならないかが命題であり、「富国強兵」に生き残りをかけていたのです。そのために明治政府は欧米の物質文明を貪欲に取り入れ、科学で解明できない障害はすべて「迷信」として処理したほどで、その名残は理論物理学者のカプラが「日本の物理学者たちは、西欧人以上に東洋哲学に対して否定的だ」と語らせるほどでした。幸いなことに、宮沢賢治の場合は天体観測や地質学に加え、仏教によって東洋哲学というものを見失うことはなかったようです。

盛岡市　岩手銀行中ノ橋支店。不来方の城、盛岡城の傍にある旧盛岡銀行本店跡でもある。設計には東京駅のレンガ舎を設計した辰野金吾も加わった。奥州の近代化遺産のひとつ

「イギリス海岸の歌」
Tertiary the younger tertiary the younger
Tertiary the younger mud-stone
あをじろ干割れ　あをじろ干割れ

あをじろ干割れにおれのかげ
Tertiary the younger tertiary the younger
Tertiary the younger mud-stone
なみはあをざめ支流はそそぎ
たしかにここは修羅のなぎさ

この「イギリス海岸の歌」という詩を読んだ時、最初、宮沢賢治が遠足か何かで三陸海岸あたりの景勝地につけた名前だろうと勝手に思い込んでいました。ところが、その「イギリス海岸」が岩手県花巻市の北上川とその支流沿いにあると知り、立ち寄ったことがあります。日常、川底に沈んだままの「イギリス海岸」ですが、賢治の命日（九月二十一日）にはダムの水流を調節して見学できるようになっており、花巻を訪れた日が偶然にも賢治の命日にあたり、その青白いマッドストーンに触れることができたのです。

「海の匂いのするっちゃけん（海の匂いがする）」

川底に降りた瞬間、驚きのあまり家人とともに口にした博多弁です。地球誕生の第三紀の終わりごろ、驚くことに「イギリス海岸」は海の渚だったそうです。第三紀は約七千万年前から氷河期の百万年以前のことだそうですから、貴重な太古の潮の香に触れたことになるのですが、同時に賢治の地質学者としての見識の広さに感心するばかりでした。賢治の作品には『春と修羅』があります

花巻市　イギリス海岸全景。年に１度しか見ることのできない光景。川底のマッドストーンは粘土質で、滑りやすい。潮の香りは、岸辺の笹の匂いで、消えてしまった

が、この「イギリス海岸の歌」の文中にも修羅という言葉が使われています。複数の顔と幾本も伸びた腕を操り仏法を守護するインドの神様の名前ですが、賢治は地球の地殻変動の動きを阿修羅に見立て、銀河を眺めて宇宙を自身の作品のなかに創造していたのかもしれません。

あのアインシュタインも「精神をともなわない科学は、真の科学ではない」と語っていますから、宮沢賢治は宗教と科学を極めた人だったのだと思えてなりません。

この宮沢賢治と同時代の人に科学者の高峰譲吉がいます。高峰譲吉はジアスターゼという酵素からタカジアスターゼという消化薬を発明し、アドレナリンからホルモンを抽出して手術の止血剤を造ったりもしています。病に対する対処法を生み出した功労者の一人ですが、青山霊園第十五号一種ロ三側四番に墓があります。

エスペラント語と革命

さきほど、「宮沢賢治記念館」を訪れたと話をしましたが、この記念館のテラスから望む北上川や山々のたおやかさには懐かしさを伴う心洗われる風景でした。記念館を取り囲む雑木林には野生のシカなども現れるとのことで、優しく林を揺らす爽快な風に吹かれながらイーハトーブ（理想郷）を楽しんでいました。イーハトーブ、まさに童話作家でもある賢治のメルヘンチックな造語に浸っていたのですが、館内の展示物を読み進んでいるときにイーハトーブとは岩手県を意味するエスペラント語だと知り感嘆の声をあげたものでした。エスペラント語といってもどこの国の言葉だろうと思われますが、世界共通語としてユダヤ系ポーランド人の眼科医ザメンホフによって考案されたものです。いまや世界共通語は英語にとって代わられてしまいましたが、意外なところで現代の日本人もエスペラント語を使っています。

◇現在も使われている代表的なエスペラント語

・ヤクルト　Jahurto（ヨーグルトの意）
・フェリオ　Ferio（ホンダ自動車のシビックフェリオ、休日の意）
・ハイコ　haiku（俳句の意）
・ゴ　goo（碁の意）
・アイキドー　aikido（合気道）

近年、東京駅北口にオアゾという商業ビルができましたが、これもエスペラント語でオアシスの意味なのです。宮沢賢治がエスペラント語を駆使したのは、無限大の宇宙から見れば一粒の星にすぎない地球がひとつの言語で統一できれば人々の理解が深まり、国と国との争いも無く、世界中が幸せになれると考えたからではないでしょうか。

この宮沢賢治と同じようにエスペラント語の普及に努めた人として、二・二六事件で反乱軍の青年将校を煽動したとして銃殺刑に処せられた思想家の北一輝、関東大震災の際に憲兵大尉の甘粕正彦に殺されたという無政府主義の大杉栄、大本教の中興の祖である出口王仁三郎がいます。出口王仁三郎などは生涯に五十万首とも六十万首ともいわれる和歌を詠んだといわれるのですが、和歌にエスペラント語の単語を組み込んで学習していたそうです。

Akademio（学士院、高等学校の意）

《アカデミオ（垢で身を）包んだような顔してる高等学校の学生なるらん》

Adiau（左様ならの意）

《左様なら又アディーアウ（後で会う）と云いながら親しき友に立ち別れ帰る》

Kuko（焼き菓子の意）

《芳ばしや焙きたる菓子を喜んでクーコ（食う児）は常に胃の病あり》

幕末、ジョン・万次郎こと中浜万次郎が幕府関係者に英語を教える時、What time is it now？を「掘った芋いじるな」と教えたように、エスペラント語学習にも苦労とダジャレが付き物だったようです。

残念ながら、このエスペラント語学習を推進した人たちの多くが左翼思想や政治的な動きをする者が多く、政府としては普及に難色を示していたようです。

宮沢賢治の故郷である岩手県花巻市を訪れたのは初めてのことでしたので、市内観光のバスに乗り、要所、要所を見て回りました。秋の稲穂が西日に輝き、リンゴ畑が点在する田園風景の中、ガイドの娘さんが宮沢賢治のエピソードをゆったりとした口調で語ってくれましたが、賢治が花巻農林学校の教員のときの話でした。農家のスイカ畑を横目に農業実習に向かう際、腹を空かせた生徒たちがひとつぐらいスイカを盗んでもいいだろうという話を耳にした賢治が、自腹でスイカ畑を買い切って学生たちにご馳走したという内容でした。この話を聞いた時、もしかしたらという事が思い出されたのです。

二・二六事件における反乱将校の一人に山口一太郎という技術将校（大尉）がいましたが、山口は演習から帰ってくる兵隊たちのためにスイカをふんだんに用意していたといいます。宮沢賢治は熱心な法華経信者（日蓮宗）でしたが、満洲事変を起こした石原莞爾と同時期に日蓮宗の門徒集団である国柱会に入会し、しばしば東京でも活動していました。二・二六事件の反乱将校には法華経信者が多く、反乱に加わった兵隊の多くは東北の貧しい農家出身だったといいます。この賢治のスイカ話が美談となって法華経信者でもあった北一輝、反乱将校たちにも伝わっていたのではと思ったのですが、こじつけ過ぎでしょうか。

反乱といえば、三井合名理事長の団琢磨が民間革命家に暗殺された血盟団事件も有名です。この事件ではもうひとり、大蔵大臣であった井上準之助も暗殺されました。青山霊園にその墓所がありますので、次に訪れる機会があれば参拝してみたいと思っています。

詩聖タゴールの影響

昭和四十三年（一九六八）、川端康成がノーベル文学賞を受賞したときには日本中が大いに沸きたちましたが、アジアで初めてノーベル文学賞を受賞した詩人がインドにいたことをご存じでしょうか。名前をロビンドロナト・タゴール（Rabindranath Tagore）、通称タゴールといい、一八六一年に当時のイギリス領ベンガル州カルカッタに生まれた人です。一八六一年といえば日本が諸外国に門戸を開放し、井伊直弼が暗殺されるなど、日本国内が騒然としている頃のことです。

MAN'S history is waiting in patience for the triumph of the insulted man.

《人類の歴史は、侮辱された人間の勝利を辛抱強く待っている。》

このタゴールの詩が象徴するように、タゴールの生涯はインドの独立をなぞっているかの如くと称されますが、インドはタゴールがこの世を去って六年後の一九四七年（昭和二十二）にパキスタンと同時に独立を宣言したのです。

このタゴールは生涯に五度、正式には二度、日本を訪れているのですが、最初に日本を訪れたのは一九一六年（大正五）のことです。このとき、ハーディング総督襲撃事件の犯人であるラス・ビハリ・ボースが日本へ逃亡を決意した時と重なり、このタゴール来日のニュースの陰でボースはタゴールの親戚と偽ることで日本にたどりつけたのですから、なにが幸いするのかわかりません。大正十三年（一九二四）、昭和四年（一九二九）のタゴール来日時、ボースはタゴールと面会することができたそうですが、偽の親戚を前にしてタゴールはどんな即興の詩を詠んだのか興味があります。

タゴールは宗教、文学の分野だけではなく、インドの独立と平和思想の普及にも尽力していましたが、ボースを支援した関係から玄洋社の頭山満、黒龍会の内田良平もタゴールとの面会を果たしています。

このタゴールですが、おもしろいことに東洋というよりも西洋の科学者に大きな影響を与えており、特にドイツの科学者ハイゼンベルク（Werner Heisenberg）などはタゴールのもとを訪れてインド哲学について教えを乞うているのです。易経は日本の高島嘉右衛門によってひとつの体系が作られたと話しましたが、ドイツの科学者たちはタゴールを通じて物理学と東洋の神秘主義が極めて似通っていることに大きな驚きを覚えたのです。例えば、易の陰（−）と陽（＋）はコンピューターやコンパクトディスクのデジタル信号処理と同じ原理であり、易経の「符号語」と生物遺伝子のDNAの「符号語」が類似していることです。文学においてもドイツのヘルマン・ヘッセ（Hermann Hesse）がインド哲学の影響を強く受けていることは有名ですし、フロイトやユングという深層心理学者が説く「無意識」という概念もインド哲学の影響を強く受けています。

日本が欧米の先進的な文明を取り込むのに懸命のとき、欧米では「透視」「テレパシー」「気」といったものを科学で解明する限界に挑戦し始めていたのです。

タゴールの詩には太陽、月、星、地球、空、雲といった宇宙を表す単語が多く見受けられます。さきほど、岩手県花巻市の「宮沢賢治記念館」を訪れた話をしましたが、賢治も大正四年（一九一五）頃にはタゴールの詩に強い影響を受けていたとありました。賢治が仏教経典から観た宇宙とタゴールが詩文に説いた宇宙観とが合致していたのだと思うのです。

「農民芸術の（諸）主義」

……それらのなかにどんな主張が可能であるか……
芸術のための芸術は少年期に現われ青年期後に潜在する
人生のための芸術は青年期にあり　青年以後に潜在する
芸術としての人生は老年期中に完成する
その遷移にはその深さと個性が関係する
リアリズムとロマンティシズムは個性に関して併存する
形式主義は正態により表題主義は続感度による
四次感覚は静芸術に流動を容る
神秘主義は絶えず新たに起こるであろう

表現法のいかなる主張も個性の限り可能である

《神秘主義は絶えず新たに起るであろう》
宮沢賢治の『農民芸術概論綱要』にこの言葉を見つけたとき、賢治はタゴールと同じ境地にいたのだと確信しました。

千里眼事件と山川健次郎

昭和四十九年（一九七四）一月、ユリ・ゲラー・フロイト（Uri Geller. Freud）という心理学者フロイトの親族である超能力者が来日し、テレビを通じてスプーン曲げを披露したことを覚えておられるのではないでしょうか。その不思議な能力は日本中を騒然とさせたのですが、何らかの力を加えて曲げたものと信じていた方も多かったのではと思います。トリックであるとかインチキという批判の声もあがるなか、その真贋論争で日本中が沸きたち、話題に事欠くことはありませんでした。近いところでは、霊能者の宜保愛子と大槻義彦教授との霊視能力の真贋論争が有名なのですが、不思議な超能力に対しての論争は起きては消え、起きては消えを繰り返し、最終的に人の噂も七十五日で消えていくのが常です。

科学が未発達の時代、ユリ・ゲラー氏や宜保愛子のような超能力を持った人がいたとしたならば、大騒ぎになったことと思いますが、実際に熊本県に住む御船千鶴子《みふねちづこ》という女性の透視術で日本中が大騒ぎになったことがあります。この女性は失せ物のありかを透視できる能力を持っていたといわれましたが、封をした封筒の中、ハンダ付けされた鉛管の中の用紙に書かれた文字を読み取ることができるとも言われていました。東京帝国大学の今村新吉教授（医学）、福来友吉助教授（心理学）が明治四十三年（一九一〇）、御船千鶴子の超能力の実験に取り掛かったのです。福来友吉助教授が御船千鶴子の透視能力を本物と確信し心理学会に発表したことから、香川県丸亀市の永尾郁子、東京の三田光一、高橋貞子、北海道の森竹鉄子と全国から「千里眼」の持ち主が名乗りをあげ、スプーン曲げの時と同じように、日本全国で「千里眼」ブームが巻き起こったのです。

しかしながら、このブームに対して物理学の権威で東京帝国大学総長も務めた山川健次郎が御船千鶴子、永尾郁子の実験に立ち会い、結果、実験結果に不審を抱き、新聞などが否定的な論調を張ったためにこの騒動は鎮静化しました。医学や科学の知識が十分に庶民に渡らない頃、迷信というものに左右されがちですが、そのことを懸念した山川が御船千鶴子等の実験に立ち会い、真贋を実証しようとしたのです。当時の日本は欧米の物質文明を取り込み、追いつかなければ欧米列強に独立国家としての存立を脅かされる時代でした。エール大学に留学し、その科学水準の高さを知っている山川健次郎からすれば、庶民の強い熱気がひとつの方向に集中することに危機感を覚えていたのではないかと思います。東京帝国大学の総長を歴任した人物が実験に立ち会うことに批判の意見もあったそうですが、すべての現象を超能力に依存することから詐欺行為が蔓延することを懸念したようです。最終的に、御船千鶴子はマスコミのバッシングを苦にして自殺し、「千里眼」騒動は忘れ去られたのですが、今でも霊感商法なる詐欺事件が多発していますので、山川健次郎はそういう事件が続くことを恐れていたのだと思います。

明治四十四年（一九一一）、福岡の筑後平野で陸軍大演習が行われたのですが、この陸軍大演習には明治天皇が巡幸するという大規模なものでした。しかしながらこのとき、明治天皇が乗車する予定であった列車が駅構内で脱線事故を起こし、その責を問われた清水正次郎という職員が鉄道自殺をしてしまったのです。この清水正次郎の責任感の強さに感激した庶民が顕彰碑を建立するなどといって騒動になったのですが、この頃、九州帝国大学総長に就任していた山川健次郎は地元の「福岡日日新聞」に天皇陛下への謝罪のために命を捨てるとはいかがなものかと意見記事を掲載したのです。山川はかつての朝敵とされた会津藩出身、それも白虎隊士だったために天皇批判とも受け取られ、人々から様々な誹謗中傷を受けたのですが、「千里眼」騒動と同じように、世間の風潮に惑わされることのないようにと主張したかったようです。

迷信や精神的美談はエスカレートすれば限りがなく、個人の意思に反することでも周囲が無言の強制を求めてくるようになることに山川健次郎自身、強い危機感を募らせていたのかもしれません。事実、大東亜戦争（太平洋戦争）の末期、陸軍も海軍も競って若者を特攻隊員として戦場に送り出したことを考えれば、山川は日本人の精神的美談にエスカレートする民族気質を見抜いていたのかもしれません。

山川健次郎は明治四年（一八七一）に選ばれてアメリカ留学を果たしたのですが、続いて妹の捨《すて》松《まつ》も津田梅子（津田塾大学創始者）たちと共にアメリカ留学生に選ばれています。帰国後、この捨松は会津藩の宿敵であった薩摩の大山巌の後妻になるというものでしたが、すでに時代は薩長だ会津だと国内の騒動に関心を向ける余裕もなく、日本を取り巻く欧米列強との熾烈な戦いに国を挙げて取り組まなければならない状態になっていたのです。

犬養毅と森恪、大久保利通と頭山満というかつて政治的に反目し合った関係が同じ青山霊園に眠っていることに矛盾を感じるのですが、山川健次郎だけではなく松平恒雄（会津藩主松平容保の四男）の墓所も青山霊園にあり、人間の一生とは不思議な関係と思うばかりです。

この、山川健次郎の墓所を訪れた時、母親の山川唐衣《からころも》、兄の山川浩と同じ墓所に炬燵で向かい合うかのようにして墓石が立っているのが微笑ましく、会津若松から墓参された方が持ち込まれたのか会津の銘酒「末廣」の小壜が墓前にあったことに心救われる気持ちでした。

この山川家の墓所に山川健次郎の名を刻んだ墓石はなく、山川家となっています。目印としては母の山川唐衣、兄の山川浩の名前を刻んだ墓石になりますが、健次郎の手跡といわれる墓石の文字が大胆な筆致なので分かりやすいと思います。

青山霊園　山川家の墓。中央に山川家、右に兄の浩、浩の正面に母の唐衣の墓があり、茶飲み話をしているかのように墓石が配置されている。墓は誰のものか、考えさせられる。山川家の墓石に会津の酒が供えられていた

第五章　日本近代化の総仕上げに向けて

明治期の四十五年、これは人類史上において「奇跡」と称されるほど西洋文明の消化と発展が実現された時代です。その「奇跡」の実現に向けて理想国家づくりを進めて行った人物の一人に後藤新平がいますが、この後藤が果たした政策の数々が現代社会にまで繋がっている事象を追いながら、日本という国の未来、世界における位置づけをどのように考えていたのかを振り返っています。

「五箇条の御誓文」という近代化

青山霊園は国道二四六号線（通称青山通り）の青山一丁目交差点から南西方向に広がっています。

そして、この国道二四六号線を挟んで対峙するかのように明治神宮外苑が広がっています。青山霊園に初めて足を踏み入れたとき、都心にこれほどの墓地が設けられていることに随分と驚いたのですが、この神宮外苑の大きく広がる空間にも感心したものでした。青山通りに面して明治神宮外苑の入口があり、東京の秋の風物詩となった銀杏並木が北に向かって一直線に伸びていますが、そのはるか果てに円筒形の不思議な建物を目にすることができます。その白亜の建物の正体を確かめようと銀杏並木を進むのですが、周囲にはラグビー場、野球場、テニスコートが広がり、散歩やジョギングを楽しむ人々であふれています。一見、左右に両翼を持っていることから国会議事堂にも似た感触を抱きますが、ここは聖徳《せいとく》記念《きねん》絵画館《かいがかん》という幕末から明治にかけての日本の近代を絵画で表現した記念館だったのです。

この記念館は明治天皇とその皇后（昭憲皇太后）の御聖徳を後世に伝えるために建てられ、横幅一一二メートル、奥行三四メートル、高さ三二メートルの石造りの重厚感あふれる建物です。中には明治天皇御降誕から大葬までを八〇枚の絵画で表現しているのですが、「岩倉大使欧米派遣」など歴史教科書の挿絵で目にした絵画もいくつかありました。なかには、明治天皇お気に入りの愛馬の剝製、骨格標本までもがあり、一瞬、博物館なのかと見まごうものでしたが、その説明書きには明治天皇に「お辞儀をする馬」と出ていました。その昔、教えなくとも偉い人には馬でもお辞儀をする、そんな例え話を祖母から聞かされましたが、この馬のことだったのかと合点がいったのでし

青山通りから見た聖徳記念絵画館。昭和 39 年 (1964) の東京オリンピックでは競歩の競技会場としても使われた。日本初のアスファルト道路もあり、日本近代化の場でもある

た。

その展示されている絵画の中では明治十二年（一八七九）にアメリカの前大統領グラント将軍が来日して明治天皇と会見しているものに興味を惹かれたのですが、慶応四年・明治元年（一八六八）の「五箇条の御誓文」に目が止まってしまいました。

一、広く会議を起し万機公論に決すべし
二、上下心を一にして盛に経綸を行ふべし
三、官武一途庶民に至る迄其志を遂げ人心をして倦まざらしめんことを要す
四、旧来の陋習を破り天地の公道に基くべし
五、智識を世界に求め大に皇基を振起すべし

展示されている絵画には和文と英文の解説がついており、読みやすいように現代文で書かれていましたが、この「五箇条の御誓文」は坂本竜馬が口述した「船中八策」や真木和泉守保臣の『経緯愚説』にどこか内容が似ていると思いながら読んでいました。はたして、この「五箇条の御誓文」は土佐の福岡孝弟《たかちか》、越前の由利《ゆり》公正《きみまさ》の立案ということですので、どこかで坂本竜馬や真木和泉守保

臣に似てくるのもしかたないと思いました。越前の由利公正などは倒幕軍の軍資金調達担当として計数能力に優れているのは分かっていましたが、このような国家の指針にまで及んでいることに驚きました。さすがに、「大義を四海に布かんのみ」と述べた肥後の横井小楠《よこいしょうなん》の門弟だけはあるなと感心した次第です。

そして、この「五箇条の御誓文」の中でも特に五番目の「智識を世界に求め大に皇基を振起すべし」という言葉に明治天皇の近代化に対する並み並みならぬ決意を感じました。朝敵だの薩長だの関係なく、とにかく、全員一丸となって世界の文明を取り込んで近代化に努めようではないか、という明治天皇の言葉が多くの国民を奮い立たせたのではと思います。

ちなみに、この聖徳記念絵画館において最後の「大葬」という絵を描いたのは画家の和田三造ですが、先述の通り、青山霊園に眠る玄洋社員です。この絵画館に絵が収められるなど、画家冥利に尽きるのではと思います。

伊藤博文暗殺の背景

前述の聖徳記念絵画館は明治天皇の降誕から大葬までを八十枚の絵画で示していますが、その明治という四十五年間はまさに日本という小国が世界へと飛び出て行った激動の時代であったと思います。同時に、諸外国との利害のからむ国家交渉にあけくれた時代であったともいえますが、なかでも、明治四十二年（一九〇九）十月二十六日に安重根によって暗殺された伊藤博文は大久保利通亡き後、国家の在り方についての外交に翻弄された人物ではないかと思います。

この伊藤博文暗殺事件について、歴史教科書にはロシアの蔵相ココフェッツとの会談のためにハルビンを訪れ、そこで狙われたとだけ記されています。支配下にある国の人間が支配者側の要人暗殺に及ぶのは歴史の舞台ではいくつもあり、その中の一つであるといわれればそれまでですが、伊藤のハルビン訪問の目的が分かりませんでした。現在、ハルビンを含む旧満洲は中国東北部という呼称で統一されていますが、日本が大東亜戦争で連合国軍に敗れるまでは満洲帝国という独立国家が存在していました。その満洲帝国が登場する以前の満洲には軍閥とも馬賊とも区別がつかない団体がひしめきあい、日本、ロシア、中国との主権がはっきりとしない複雑な利害関係がからみあう地域であり、その地域の安定を求めての交渉の最中で起きた暗殺事件だったのです。

欧米列強のアジア侵略、ロシアの南下政策という侵略行為の狭間で明治二十七年（一八九四）に日清戦争が起こり、その結果、日本は台湾と遼東半島を割譲されました。しかしながら、ロシア、フランス、ドイツの三国干渉により遼東半島は清国に返還され、その遼東半島南部の旅順、大連を一八九八年（明治三十一）ロシアは租借し、あろうことか軍港の建設を始めたのです。日清戦争は朝鮮の主権をめぐっての清国との戦いであり、南下するロシアとの防衛線を画定する戦争でもあったのですが、この三国干渉の受諾はみすみすロシアの南下を招く結果になってしまったのです。さらに、一八九六年（明治二十九）に清国は日清戦争での賠償金をフランスから借款したのですが、ロシアはその口利き料の代わりとして満洲を通過する東清鉄道一五〇〇キロメートルの敷設権を得たのです。

すでに、ロシアはバイカル湖にまでシベリア横断鉄道を延ばし、更にアムール河に沿ってウラジオストックにまで延ばす計画を立てていましたが、日清戦争に敗北した清国の足元を見ていたロシアは満洲を通過しての最短距離での敷設を考えたのです。この敷設権についてはバックリベートを要求することで有名な清国の李鴻章が、ロシアからの三〇〇万ルーブルという巨額の賄賂によって満洲領内の鉄道敷設の許可を出しているのです。

さらに、ウラジオストック（ロシア語で東方を支配せよという意味）は冬場には厚い氷で阻まれる軍港であったために、遼東半島の旅順に軍港を求めたのです。遼東半島の租借権を求めた際、ロシアは満洲を通過する東清鉄道の中継点であるハルビンと遼東半島の旅順、大連（ロシア語の極東と言う意味のダールニーヴォストークの漢字表記）との間に鉄道を敷設する権利も獲得し、着々と侵略の足場を固めていたのです。現代のように航空機が発達する以前、鉄道を敷設するということは、ロシアのような大陸国家にとって防衛線を延長するに等しいものだったのです。

しかし、明治三十七年（一九〇四）に始まった日露戦争に勝利した日本は南樺太を割譲されると同時に、ロシアが敷設した旅順、大連から長春までの鉄道を獲得したのです。ここで、杉山茂丸のヒンターランド構想（緩衝地帯）を実現することで、日本とロシアが軍事的に対立するのではなく、東アジア経済ブロックを形成することで安定的な和平を築こうと伊藤博文は考えていたのです。孫文から革命資金提供の見返りとして満洲譲渡の話がありましたが、増加した日本人の移民先候補としても満洲は最適の場所でした。ロシアから日本は資源を輸入し、日本でその資源を加工し、その商品を満洲の日本人に売り、回収資金をシベリアの資源開発に回すという三角貿易ならぬ経済ブロックを形成し、安定的和平を構築する会談のために伊藤はハルビンを訪問したのです。歴史に

「もし」は許されませんが、あの和平会談の場を一発の銃弾が襲わなければ、その後の東アジアはどんな展開になっていたのだろうかと考えることがあります。

青山霊園には後藤新平夫妻の墓所があるとお話ししました。霊園を南北に貫く道路に沿った場所に後藤新平の墓所はあるのですが、昼間でもうっそうと茂る立木で薄暗く感じ、まるで人目を避けているかのようです。この後藤も後にソビエト連邦のモスクワにレーニンを訪ね、極東における安全保障と経済ブロック建設実現のために訪れているのですが、伊藤博文が成しえなかった事業を引き継ぐためだったといわれています。

かつて伊藤と後藤は安芸の宮島で三日三晩、この東アジア安定のための話し合いを続け、極東地区での安全保障、経済ブロック建設について激論を戦わせたといいます。伊藤のハルビン行きは後藤の強い申し出だったそうですが、その伊藤博文暗殺に報いるためにも後藤はモスクワ行きを敢行したといわれていますが、この後藤が成し遂げて行った事業の内容を検証すると、日本の近代化の総決算を見るかのようです。

南満洲鉄道

大陸国家ロシアにとっての鉄道敷設は自国の権益確保と同時に、海洋国家が海軍力でシーレーンを防衛するのと同じ意味を持っています。ロシアにおける鉄道開通は一八五一年にペテルブルグとモスクワ間が初めてのことですが、この時代の日本は攘夷論と開国論とが激しくぶつかりあっている時代でした。その日本にも鉄道というものができたのは鉄道唱歌にあるように新橋、横浜間が最初になりますが、明治五年（一八七二）のことです。日本においてはもともと海運が盛んであったために鉄道敷設については予算の関係もあり、熱心ではなかったのですが、欧米列強に追いつけ、追い越せの機運の中でとりあえず開業してみようという感じで、日本全国に鉄道網を設けるという長期的な発想ではなかったようです。とはいえ、ＪＲ新橋駅烏森口の広場には日本の鉄道発祥を記念して蒸汽機関車が展示してありますが、明治時代の人々にとって、蒸汽機関車は幕末の黒船来航に等しい驚きを与えたことと思います。

この鉄道敷設という観点については、ロシアという国がいかに国家の基軸として重要視していたかがレールの幅に如実に表れています。

◇軌間幅（レール幅）の違い
・日本　一〇六七ミリ
・世界標準　一四三五ミリ
・ロシア　一五二四ミリ

このレール幅の違いを確認していただければ、ロシアのレール幅は日本のおよそ一・五倍も広いものだったのですが、レールの幅が広ければ広いほど大型の貨車、客車を運行することができ、比例して大量の物資（軍需品）、人員（兵員）を運ぶことが可能だったのです。日露戦争開戦前、ロシアが東清鉄道を複線化する前に開戦しなければロシアの物量の前に敗北するとして児玉源太郎は開戦を急ぎましたが、ロシア軍は軍需物資を積んできた貨車を送り返さずに廃棄処分して戦いに挑んできました。この片道輸送という物量戦は参謀総長児玉源太郎の作戦計画を大いに苦しめることになったのですが、日露のレール幅の相違にまで児玉が気付いていたかどうかまでは分かりません。

時代は下ってもこのレール幅の問題は残っていて、平成二十一年（二〇〇九）十二月二十四日、九州新幹線川内《せんだい》駅と新水俣駅でフリーゲージトレインの実験走行が行われています。これは新幹線と在来線との直通運転を可能にする実験なのですが、一四三五ミリという新幹線のレール幅と一〇六七ミリという在来線のレール幅の軌間可変電車を運行することで最高時速二七〇キロの営業運転を可能にしようとしたものです。このレール幅を見てみると、現在の新幹線のレール幅が世界標準のレール幅だということが理解されると思います。かつて、ヨーロッパを網羅する各国の鉄道を乗り継いで旅をしたことがありますが、六人掛けの個室に巨体で有名なゲルマン民族、スラブ系の人々と乗っていても特段の不自由を

聖徳記念絵画館の庭にある南樺太割譲を示す標柱（レプリカ）。樺太でのロシアとの国境線を示すために設置されていた

感じなかったのは、ひとえに、この日本と世界標準の三六八ミリのレール幅の差によるものでした。

明治三十七年（一九〇四）に勃発した日露戦争ですが、翌年にはアメリカの仲介でポーツマス条約（日露戦争講和条約）を締結し、南樺太の割譲とともにロシアが敷設した旅順から長春までの東清鉄道支線は日本に譲渡されました。日本は旅順、大連からハルビンの手前の長春までの鉄道を運営することになりましたが、ロシアが建設した鉄道は世界標準よりも広いロシアサイズのものになります。欧米列強がアジアにおける利権獲得のリストに鉄道の敷設権を求めるのは、開発した鉱山の資源、森林資源を大量に迅速に運び出す手段、さらには港湾倉庫からの商品を搬送する手段として絶対的な必要性を認めていたことにあるのですが、いかにロシアという国が鉄道に命運を懸けていたかということにもなります。日露戦争の戦勝によって獲得した鉄道の権益に対して、初代の南満洲鉄道の総裁に就任した後藤新平はレールの幅をロシアサイズから世界標準サイズへと変更させています。ロシアサイズのレールはあってもロシア製の機関車、客車、貨車はなく、日本サイズでは満洲という広大な地域では役にたたないため、世界標準に規格を統一し、大陸国家としての運営方法に統一していったのです。

旅順、大連から長春までの鉄道は南満洲鉄道株式会社として改組されましたが、この鉄道の運営においてはポーツマス条約により一キロにつき十五名の兵員を置くことが許可され、旅順、長春間七六四キロ余りに配置された日本陸軍兵は司令部員を含めて一万四四一九名となったのです。これが後に関東軍と呼ばれた鉄道守備隊になるのですが、もともと遼東半島一帯は関東州と呼ばれていたことから関東軍という呼称が定着したのです。鉄道守備隊として日本の軍隊が駐屯することに不思議を感じられるかもしれませんが、この満洲には馬賊とも匪賊とも呼ばれる集団が強奪破壊を繰り返しており、鉄道の権益保護に軍隊の駐屯は欠かせないものだったのです。

ロシアが日本にとって脅威であったのは、ドイツ公使館付きの武官であった福島安正が単騎でシベリアを横断して帰国し、朝野を挙げて歓迎したことにあらわれています。明治二十五年（一八九二）から明治二十六年（一八九三）にかけてのことですが、すでにこのとき新聞や雑誌で「敵中横断」という言葉が用いられていますので、ロシアを敵とみなしていたことがわかります。その情報将校であった福島は日露の戦役では参謀として従軍していますが、今は青山霊園で静かに眠っています。

ハルビン学院と杉原《すぎはら》千畝《ちうね》

日露戦争の勝利によって旅順から長春までの鉄道は南満洲鉄道株式会社として再出発しましたが、ロシアの東清鉄道との接続地であるハルビンに後藤新平は大正九年（一九二〇）に日露協会学校を設立しました。この学校は日本とソ連（ロシア）が協同で資源開発を行なうにあたり、将来に向けての有益な人材を育成することを目的に設立され、後にハルビン学院と呼ばれた学校です。この時代のロシアはロシア社会民主労働党のウラジミール・レーニンによる十月革命で政権が奪取されていましたが、複雑な国際政治問題の解決はイデオロギーよりもビジネスであると後藤は主張し、ソ連と国境を接する満洲域を安定的に維持するには、やはり、隣国のソ連というものを熟知しておかなければならないという考えだったのです。

このハルビン学院の設立を見てみると、明治三十一年（一八九八）に上海に設立された東亜同文書院を彷彿とさせます。この東亜同文書院の前身は明治二十三年（一八九〇）に陸軍の退役軍人である荒尾精《あらおせい》によって設立された日清貿易研究所になるのですが、中国（清国）の複雑な商取引をマスターする人材を育成することで、日本と清国（中国）との貿易の拡大を図ろうと考えていたのです。日本全国の各県から二名ずつの県費留学生を送り込んでいたのですが、昭和二十年（一九四五）の日本の敗戦まで、毎年百名前後の卒業生を送り出していました。

同じように、このハルビン学院も県費留学生を送り込むことで人材確保に努めていましたが、このハルビン学院の第一期卒業生にリトアニアの日本領事館領事代理の杉原千畝がいます。第二次世界大戦前の昭和十五年（一九四〇）、ソ連がリトアニアを侵略併合、ソ連から弾圧されていたユダヤ人が国外脱出のために日本の通過査証（Transit Visa）を求めてリトアニア領事館を取り囲んだのです。杉原千畝は個人的判断からユダヤ人にビザを発給し、日本のシンドラーとしておよそ六〇〇〇人ともいわれるユダヤ人の人命を救出しました。

「ハルビン小唄」　作詩・中村秀輔
楡のハルビン国際列車が
花の東京とパリーの空へ
虹の架け橋　中どころ

これはハルビン学院の第七期卒業生である中村秀輔が当時のハルビンの様子を作詞したものですが、この歌詞にある通り、ハルビンはヨーロッパへと通じる国際都市だったのです。このハルビンは東洋のモスクワとも呼ばれ、中国人（漢民族）、ロシア人、満洲族、蒙古族、朝鮮族、日本人、ヨーロッパ人、ユダヤ人までが流れ込んで居住する都市なのですが、ロシア人といってもロシア革命によって亡命してきた白系ロシア人、宗教弾圧によって流刑されたドイツ系ロシア人がおり、ユダヤ人などは一万人が流れ込んで集団生活を送っていたのです。杉原千畝はハルビン学院を卒業した後、樋口季一郎陸軍少将（当時）の特務機関員となっていましたが、この樋口季一郎は満洲にユダヤ人を集めて保護することを考えていたそうですから、杉原千畝がリトアニアでユダヤ人等にビザを発給した背景には満洲での体験が大きく作用していたと思います。

なお、一九一七年（大正六）のロシア革命直後に行なわれたシベリア出兵は日本がシベリアを侵略するために兵員を送りだしたといわれていますが、第一次世界大戦によってヨーロッパのパワーバランスが崩壊し、オーストリア帝国からの独立を求めソ連に加担し、シベリアに残されたチェコスロバキア軍の救出が目的でした。一九一八年（大正七）、チェコスロバキアの初代大統領マサリックはワシントンで独立を宣言したのですが、同時に日本に対してシベリア出兵を要請していたのです。当時の内務大臣である後藤新平はこのシベリア出兵を強く推進したのですが、多大な戦死者を出した失敗を問われて新平《しんぺい》の失敗《しっぺい》とまで揶揄されています。実のところ、反マルクス主義者のマサリックに協力することで鉄路を通じてのロシア革命の動乱が満洲に流入することを防止したかったのではないでしょうか。

検疫制度の定着

開国後の日本では近代化のためにさまざまな西洋文明を取り込んで先進国の仲間入りを果たそうと懸命でした。このことで厄介な問題を抱え込むことにもなったのです。従来、日本では発生しなかったコレラ、ペストに赤痢といった伝染病の大流行です。歴史年表に記載されているものを拾ってみると左記のようになります。

・文政五年（一八二二）コレラ流行
・安政五年（一八五八）コレラ流行三万人が死亡
・明治十年（一八七七）コレラ流行
・明治十九年（一八八六）コレラ流行十一万人が死亡
・明治三十二年（一八九九）ペスト神戸で流行
・明治三十三年（一九〇〇）ペスト東京で流行

このなかでも、文政五年のコレラ流行は日本で初めてのコレラの発生であり、九州から江戸の手前まで感染者が広がったものでした。今まで、日本で発生しなかったコレラが流行するということは海外からの流入しかありませんが、この時代は欧米列強が盛んに日本に開国を求めて来航してきた時代と重なります。今では検疫制度というものがあり、伝染病も水際で防止する手段が取られますが、病原菌すら発見されていなかった時代、それこそ神仏に祈るしか平癒の道は無かったということになります。

この検疫制度ですが、日清戦争で凱旋する兵士に対して行ったのが初めてであり、後藤新平の発案で定着したものです。このことは、後藤自身が明治十年（一八七七）の西南戦争でコレラに罹っている政府軍兵士を治療したことからくるのですが、この当時の軍隊検疫については概略、左記のような手順で行われていました。

一、石灰酸水の箱船（プールのようなもの）に軍靴のまま入る
二、身に付けている帽子、靴、皮革製品（ベルトなど）を別途消毒
三、軍服、衣類を脱ぎ、海水の浴槽、淡水の浴槽につかる
四、支給される新品のタオル、石鹸で入浴
五、新品の浴衣に着替える
六、新聞、雑誌、茶果が用意された休憩所でくつろぐ（希望者は理髪も可）
七、消毒済みの軍服、着衣、付属品を身につけ乗船
八、消毒済みの船で各部隊が所属する港に出航

当初、一刻も早く故郷に帰りたい兵士や待ち望む家族からクレームがつくのではないかと懸念さ

靖国神社　護国海防艦碑。軍縮会議で削減された海軍力を補うためにシーレーン防衛を目的として開発された。左から２列目、最下段に「金輪」の名前を見つけた

れていたそうですが、帰還船ではコレラで病死する兵士もいたとのことで、特段の文句も出なかったそうです。もともと、清潔好きな日本人の観念からすれば検疫は温泉センターでくつろぐ感じだったのではないでしょうか。この日清戦争における陸海軍の戦死者一万三四八八名のうち八十八パーセントにあたる一万一八九四名が伝染病や脚気などでの病死ですから、戦場となった朝鮮半島、中国大陸での戦いがいかに過酷であったかの証拠だと思います。

帰還船内で死亡した兵士の遺体は水葬にしますが、敗戦後、乗っていた海防艦がそのまま復員船となり、その乗組員であった父から水葬について聞いたことがあります。昭和二十年（一九四五）十一月二十七日、フィリッピンのタクロバンを出航した海防艦「金輪《かなわ》」

で六名の死者を水葬に付したそうですが、切り落とした左手小指を空き缶に入れて発光信号用のアルコールで火葬し、髪の毛、爪とともに遺骨として持ち帰ったそうです。後甲板から棺を海に投下した時、棺の隙間から腐敗した遺体の水を大量に頭から浴びたそうですが、汚ないという気持ちは微塵も無く、どこの誰とも知らない陸軍兵でありながら、自身の体の中にどれほどの水分が残っていたのかと驚くほど、泣けて泣けてしかたなかったと語っていました。せっかく故国に帰ることができる船に乗ったのに、あっけなく死んでしまった陸軍兵が哀れでしかたなかったとも言っていました。この海防鑑については東京九段下の靖国神社に海防鑑の記念レプリカが建てられています。そのなかに「金輪」の名前を見つけたのですが、引き揚げ船となった他の海防艦でも故国を目の前にしての水葬が執り行われたのだろうなと思いました。

＊

「かえり船」（作詞・清水みのる　作曲・倉若晴生　歌・田端義夫）

波の背の背に　揺られて揺れて
月の潮路の　かえり船
霞む故国よ　小島の沖じゃ
夢もわびしく　よみがえる

衛生思想と祈念的衛生費

明治十五年（一八八二）四月六日、自由民権論者の板垣退助は岐阜県での遊説途中、ひとりの暴漢に切りつけられるという事件に遭遇しました。あの、「板垣死すとも自由は死せず」という有名な言葉を吐いた遭難事件です。板垣は参議として明治新政府の中枢に座っていましたが、明治六年（一八七三）の征韓論で下野した後、大久保利通の説得に応じて明治八年（一八七五）三月、再び参議として政府の中枢に戻ったのです。この年の二月には大阪で自由民権運動の全国集会である愛国社集会を開いたばかりですから、板垣の変節ぶりに全国の自由民権運動者が怒りをぶつけてくるのはいたしかたのないことだと思います。しかしながら、板垣は再び十月には参議を辞して土佐に立志社を創設し土佐を起点とした自由民権運動を再開したのです。

この板垣退助の遭難事件ですが、政府からも在野からも恨みを買っていたとみえ、板垣周辺では派遣される医者すら刺客なのではと恐れて寄せ付けない有りさまだったそうです。それでも、当時、愛知医学校長兼病院長であった後藤新平の診察を受けることになり、板垣は一命をとりとめることができたのです。この診察、治療の際、後藤の有能さをみてとった板垣は医者にしておくのは惜しい、政治家にならないかと語ったそうです。後に後藤は内務大臣、外務大臣、逓信大臣、東京市長、南満洲鉄道総裁など政府の要職を歴任するのですから、板垣の人物観察眼は確かだったということです。

後藤新平は衛生思想を普及させることで民心を安定させなければならないと訴えていましたが、先述の軍隊検疫制度にしても国外で感染した者が日本国内に入った場合、その被害が甚大であることから実行したものです。「衛生とは即ち自由、平等、博愛の精神に則り、公共的施設によって、公民の福利を増進するの道」と後藤は説いたのですが、まさに板垣退助の自由民権運動の思想とぴたりと重なっています。

この後藤新平は現在の岩手県水沢市の武家の出身ですので、明治新政府の要職を占める薩長とは対立する立場にありました。幕末の医師高野長英と祖先を同じくするということからなのか、福島県の須賀川医学校で医学を修め医者としての道を歩み始めたのですが、愛知県令、福岡県令、元老院議官を務めた安場保和《やすばやすかず》（横井小楠の門弟）との出会いが、後の政治の世界へと進出するきっかけとなったのです。

科学的な発想をする人物で、病気平癒などで神仏や巫女に供物や謝礼金を捧げるが、これは祈念的衛生費であるとしてそのコストを試算していることに驚きを隠せません。この祈念的衛生贄が年間およそ二〇九万円であることに対して国家の衛生費が約一〇〇万円となっていることに疑問を呈しているのです。明治時代、大卒初任給が四十円ですから、年間四千名余の人件費に匹敵するコストが祈祷などに使われていたということになりますが、後藤の行政手腕を眺めていくと、政治家というよりもプロジェクトリーダーという印象を受けます。

都市政策という思想から

後藤新平を政治家ではなくプロジェクトリーダーと評しましたが、その実力を発揮したのは大正十二年（一九二三）九月一日の関東大震災直後の山本権兵衛内閣で内務大臣となり、破壊された首都東京を復興させる帝都復興院総裁となったことです。明治三十一年（一八九八）には台湾総督児玉源太郎の要請で台湾民政長官として台湾の都市建設、基幹産業育成に従事し、明治三十九年（一九〇六）には初代の南満洲鉄道総裁として鉄道経営にともなう都市建設を行なっています。内務大臣兼務の帝都復興院総裁就任はその手腕を発揮するに最適だったのではないでしょうか。さらには、偶然にも、大正十二年四月におよそ二年半務めた東京市長を辞職したばかりであり、在任中に『東京市政要綱』を作成していたことで、首都にふさわしい都市づくりを目指したのだと思います。

その市政要綱を占めるものは、道路、ごみ、し尿、福祉、教育、上下水道、住宅、電気ガス、港湾、河川、公園、葬祭場、市場、公会堂を都市として備えるものとして列挙し、実現しようとしたことですが、今の時代であればこれらの中にハブ空港も加えなければならないと思います。後藤新平がプロジェクトリーダー的というのも、東京市長就任と同時に『東京市政要綱』という企画書を作成して指針を示していることです。誰にも分かりやすい都市建設の目標設定ですが、いまでも地方議会選挙で立候補者が訴える内容がこの『東京市政要綱』の内容と同じということは、まだ日本は成長の段階にあるということかもしれません。

後藤新平が考えた帝都復興プランの中でおもしろいのは、震災で崩落した隅田川の橋のデザインを募集し、都市にありながらデザインが異なる橋を掛けることで立体的な橋の博物館を実現したことです。さらには、東京都心から放射線状に伸びる環状一号線から八号線までの道路を考えていたことですが、二十一世紀の現代においてもこの環状線構想が完成していないところをみれば、現代では当たり前でも当時の人々にとっては夢のような帝都復興プランだったのではないでしょうか。

しかしながら、南満洲鉄道の本社があった大連ではＭＴ（南満洲鉄道の略）と刻印された下水道のマンホールがいまだに残っているそうですから、後藤は都市というものは百年先を見越して作り上げなければと考えていたのです。

青山霊園には後藤新平のみならず、北里柴三郎《きたざとしばさぶろう》、高木兼寛《たかぎかねひろ》という医者たちも眠っています。北里柴三郎は破傷風菌を発見し、血清による治療法を開発したことで有名ですが、他にもペスト菌を発見し、門下の志賀潔が赤痢菌を発見するという世界の伝染病研究に大きく貢献した人物です。日清、日露という戦争において、戦死者の多くはコレラ、赤痢、脚気による病死によるものだったのですが、北里柴三郎は自身の研究から脚気の病原菌説を否定したのです。陸軍軍医総監も務めた森鷗外は病原菌説をとっていたために対立し、北里は猛烈なバッシングを受けることになりました。もともと、この脚気については海軍軍医であった高木兼寛によって食品中のビタミンＢ１の不足による栄養障害として証明されたのですが、その原因究明のヒントは外国船の船員に脚気患者が極めて少ないことからパン食が脚気予防に効果があるのではと思いついたことだったそうです。

その高木兼寛の功績については吉村昭の小説『白い航跡』で読み知っていましたので興味を持ってその墓所を訪れました。いつ植えられたのか分からないほどに成長した樹木や生け垣に囲まれていましたが、参拝者の名刺を受ける石造りの石塔に何者かが火を投じたのか、焼け焦げた跡があるのが残念でした。

ラジオ放送という近代化

さきほど、後藤新平が都市政策において環状線構想を持っていたと話しましたが、首都の中心から放射線状に道路が広がることは情報ネットワークの構築にもつながることを知っていたからと言われています。首都の中心から放射線状に道路が広がり、環状線の小さな輪が次第に大きく広がるところを想像したとき、何かに似ていると思ったのですが、電波が四方八方に広がる様子を表す形と同じだと思いました。実際、各地で起きた最近の出来事をニュース（NEWS）と言いますが、N（North、北）E（East、東）W（West、西）S（South、南）という四方での出来事の集合体ともいわれていますので、都市というものは情報を発信する生きものだと思います。この「情報」という言葉も「敵情についての報告」という軍事用語から派生したものであり、ドイツ語の Kommunika-tion（コミュニケーション）という言葉には「交通、通信」という意味が含まれていますから、交通機関の整備は都市間情報の伝達機能のみならず、都市に生活する人々の情報伝達を維持するのに欠かせないものだということが分かります。

今の時代、鉄道網や道路網が整備されていないところでもテレビやインターネット、携帯電話という電波媒体の恩恵を受けることができますが、その始まりにおけるネットワークの構築は大変だったと思います。日本で初めての電波媒体であるラジオ放送が始まったのは大正十四年（一九二五）三月のことですが、ラジオ放送を受信する受信契約者はわずかに三五〇〇件、実際には八〇〇〇台ほどのラジオがあり、教員の初任給が二十五円の時代、ラジオ一台の価格が百円から二百円と大変高価なものでした。このラジオ本体も現在と異なり五球スーパーという真空管を使ったものですが、昭和三十年代（一九五五）頃まで販売されていたことがわかります。

◇ラジオ、テレビ、電話等の値段の推移（家計簿記録から）

昭和二十七年（一九五二）	五球スーパーラジオ	六九〇八円
昭和二十九年（一九五四）	六球スーパーラジオ	一万一三九一円
昭和三十五年（一九六〇）	トランジスターラジオ	一万一三九〇円
昭和三十七年（一九六二）	白黒テレビ	四万二五〇〇円
昭和四十四年（一九六九）	カセットテープレコーダー	二万六〇〇〇円
昭和四十四年（一九六九）	固定電話（工事費等含）	四万三四一〇円
昭和四十五年（一九七〇）	カラーテレビ	一五万六〇〇〇円

昭和三十四年（一九五九）の皇太子ご成婚（現在の上皇上皇后両陛下）をきっかけにテレビの販売台数が伸びたそうですが、その後の昭和三十九年（一九六四）の東京オリンピック開催のとき、小学校のクラスの半分の家庭にしかテレビが無かったことを覚えていますので、大正時代のラジオというのは白黒テレビが普及し始めた頃の感覚だったのではと思います。

昭和の情報化の時代を迎えて日本は飛躍的な経済発展を遂げましたが、初代の東京放送局総裁であった後藤新平には情報化を推進すれば国家が発展する起爆剤になり得ることを都市計画の段階で見抜いていたのかもしれません。このラジオ放送が開始される以前の大正十二年（一九二三）九月一日、関東大震災が起きていますから交通網を利用しない情報伝達としてラジオは都市生活者に必要なものと理解されていたのでしょう。ラジオが登場する以前の情報は新聞が主力ですが、この新聞輸送においても鉄道や道路が欠かせませんので、放射線状に延びる鉄道や道路の代わりにラジオ電波がその役割を果たせば有事において効果的と後藤は考えていたのではないでしょうか。

青山霊園の外人墓地に眠るアメリカ彦蔵ことジョセフ・ヒコは元治元年（一八六四）に日本初となる「海外新聞」という新聞を発売しました。これは英字新聞を日本語訳にしたものなのですが、このことからジョセフ・ヒコは「新聞の父」と言われています。しかしながら、購読者数四人というこの新聞販売はうまくいかずに撤退したのですが、これは当時の日本に新聞に対する存在意義と迅速な輸送手段が整っていなかったからではないかと思います。

いまや一人が一台を所有するのが当たり前の電話ですが、この電話を発明したのはアメリカのグラハム・ベルです。明治九年（一八七六）、旧筑前福岡藩主であった黒田長溥の命でハーバード大学に留学中であった金子堅太郎は伊沢修二（後の東京音楽学校長）とともにベルの通話実験に立ち会いました。この縁から開発資金に苦慮していたベルは黒田長溥の資金援助を得ることができ、大成功を収めることができたのです。

日露戦争が勃発すると金子堅太郎はハーバード大学での同窓生であったセオドア・ルーズベルト大統領のもとに派遣され、ルーズベルト大統領の支援を得て世界の世論を日本有利に展開できたのです。その陰にはアメリカが世界中に広げた情報網を活用することができたからだそうです。

さらには、電話事業で財を成していたベルは黒田長溥が開発資金援助をしてくれた恩に報いるため、率先して日本の戦費調達債権の販売協力を行なったといわれています。

新幹線というネットワークの高速化

さきほど昭和三十九年（一九六四）に開催された東京オリンピックの話をしましたが、この東京オリンピック開催に合わせて東京、新大阪間に東海道新幹線が開通しました。既存の東海道線とは別に高架橋の新しい幹線ということで新幹線と呼ばれましたが、運転開始直後の東海道線の速度は時速二一〇キロ、東京、新大阪間を三時間余で走っていました。当時、この東海道新幹線は「夢の超特急」と呼ばれ、東海道新幹線に乗ることは鉄道ファンのみならず、日本国民のあこがれだったのです。コミュニケーションという言葉に交通、通信という意味があるように、鉄道というネットワークにもスピードが求められる時代になったのです。

この鉄道における高速化は新幹線によって実現されましたが、東海道新幹線の特徴は世界標準の一四三五ミリのレール幅で運行されたことです。日本は国土の七割が山岳で占められているために一〇六七ミリの狭い軌道の方が便利だったのですが、レール幅に影響を受けないフリーゲージトレインという考えが登場するまでは高速化を図るにはレール幅を広くしなければ対処できないものだったのです。この東海道新幹線の開発計画は東京オリンピック開催に向けての諸外国に対する鉄道技術のお披露目なのかと思っていましたが、東京と下関を結ぶ鉄道が開通した頃からの計画だったそうで、その遠大な計画には驚きました。昭和十年代頃、東京から下関までは特急で十八時間、下関から朝鮮の釜山までは関釜連絡船で六時間、釜山から中国との国境である新義州までは十八時間を要する旅だったと記録に出ていました。この新義州からは南満洲鉄道へ乗り入れることができ、当時は朝鮮も満洲も日本の管轄下ですのでより早いネットワークの構築が求められ、東京と下関との間を高速鉄道で結ぶ必要があったのです。

日清戦争終結後、朝鮮国内は鉄道敷設権を欧米列強が獲得していたために世界標準のレール幅である一四三五ミリ、日露戦争後に獲得した南満洲鉄道はロシアの一五二四ミリ、日本国内は一〇六七ミリという三種類の異なったレール幅が存在していたのです。南満洲鉄道の総裁に後藤新平が就任した際、ロシアが敷設した旅順から長春までの七六四キロの線路を世界標準のレール幅に切り替え、それも営業運転をしながら一年間で終了させるように厳命したのも、鉄道ネットワークの標準化と高速化を狙ってのものでした。この標準化と高速化は下関と東京間にも求められ、大正六年(一九一七)には横浜線原町田駅(現在の町田駅の近く)から橋本間一一・二キロの区間で異なる線路幅でも運行できる実験が行われたそうですが、結局、予算の関係で実現できなかったそうです。現在、日本各地で新幹線が建設中ですが、東北新幹線には二階建ての車両が登場したりしていますので、まだまだ発展途上の日本なのだと思います。

現代日本を訪れた諸外国の人々は地下鉄を含めた鉄道が時間どおりに事故もなく運行されていることに大きな驚きを示します。几帳面な国民性もありますが、諸外国国境をまたいで走る鉄道ではパスポートのチェック、国外逃亡者の確認などで時間が見込めません。実際、まだ東西冷戦の中、西ドイツから東ドイツを通過して西ベルリンに向かう列車に乗った時、有刺鉄線が張り巡らされた国境ではトイレの蓋を開け、車両の下を覗き、客車の周囲は自動小銃を抱えた兵士に取り囲まれた中での厳重な検査を受けました。日本の場合、周囲は海で囲まれ単一民族という特異な環境にあることが標準化、高速化をすすめることができた最も大きな要因であると思います。

台湾でのアヘン政策

明治十九年（一八八六）、いわゆる長崎事件において日本と清国（中国）の双方が長崎市内で市街戦を繰り広げた話をしましたが、この事件には前哨戦があり、明治十六年（一八八三）にも同じ長崎で日清双方の騒乱事件が起きました。この明治十六年の事件は清国の長崎居留地で清国人がアヘンを吸飲していたために日本の巡査が連行しようとしたことから死傷者を出す乱闘になったのです。清国側は治外法権を主張して日本の警察が介入することを拒みましたが、日本側としては過去にアヘン中毒によって日本人遊女四人が中毒死しており、このアヘンが一般の日本人に出回ることを非常に恐れていました。清国はご存知のようにイギリスが持ち込んだアヘンによって官吏から下下までもがアヘン吸飲の常習者となっており、清国人にとってアヘンを禁止されることは絶食を強いられるに等しいことだったのです。

日本と清国は明治三年（一八七〇）に日清修好条規を結んでいましたが、内容としては欧米列強と締結した不平等条約と同じで、清国人が禁制のアヘンを吸飲しようが、所持していようが、日本側としては処罰することはできなかったのです。しかしながら、安政五年（一八五八）にアメリカと締結した日米和親条約にはハリスからの申し出でアヘン貿易禁止条項挿入の申し出がなされており、このアメリカと締結した条約内容でそのまま他の欧米列強とも締結されたのです。清国だけは李鴻章の強い要望でアヘン貿易禁止条項が外されてしまい、このために長崎でのアヘン吸飲を原因とする騒動が起きたのです。

このアヘンに対する日本人の潔癖なまでの拒否はアヘン吸飲が亡国の原因になることを日本側が知っていたからですが、文久二年（一八六二）に上海に出向いた高杉晋作もそのアヘン吸飲の恐ろしさを書き残しています。攘夷思想が広まった裏にはこのアヘンが日本に持ち込まれることを恐れていたからかもしれません。この当時の日本にとって幸運だったのは、アメリカ側の交渉に立ったハリスの背後にアメリカ彦蔵ことジョセフ・ヒコがいたことから、アヘン貿易禁止条項を入れるようにとハリスにアドバイスしたからといわれています。

さらに、このアメリカとの条約締結の際、イギリスやロシアはクリミア戦争の真っ最中で日本との条約交渉が遅れてしまい、アメリカ主導の条約内容に追随するしかなかったということです。事実、第二次アヘン戦争にも従軍したイギリス公使のハリー・パークスは日清修好条規締結にあたり、アヘン貿易禁止条項の削除を強く李鴻章に求めていたとのことですので、イギリスの狙いは清国と同じようにアヘンで日本侵略の糸口を作ろうと考えていたのではないでしょうか。日清戦争は日清双方の朝鮮市場の獲得、欧米列強からの日本防衛、ロシアの南下政策から日本を守るだけではなく、清国との早急な条約改正を行なわなければ日本という国がアヘンで没落すると考えていたからではないでしょうか。日本が朝鮮に対して早急なる条約締結を求めた背景には清国の影響下にある朝鮮からのアヘン流入を防ぎたいという意志があったものと考えます。

　日清戦争の結果、台湾は日本の領土に組み込まれましたが、台湾総督児玉源太郎の下で民政局長となった後藤新平は道路、都市整備、築港、鉄道敷設、上下水道を整え、製糖、林業などの産業を興していきました。しかしながら、医者でもある後藤の民政局長としての最大の功績はアヘンの漸減措置ではないかと思います。アヘンの吸飲者に対して警察力で厳しく取り締まることはできますが、その土地の風土に合わせた行政を行ない、教育によってアヘンの吸飲者、吸飲量を減らしていくというものです。長崎でのアヘン事件で証明されたように、警察力で押さえつけると暴動に発展するという経験則が台湾では活かされたということです。現在、アジアではアヘンを含む覚せい剤の所持、使用に関しては極刑ですが、容易に国を滅ぼすものであることを過去の経験から知っていることからの厳罰措置なのだと思います。

　このアヘンは「両刃の剣」と言われるように死に至らしめる中毒性を持ちながら、外科手術においての麻酔薬として絶大な効果を発揮するものです。薬品としてのアヘンの扱いについては星一《ほしはじめ》が精力的に開発を進めて行ったのですが、利益のあがる薬物であったために同業者の妬みを買い、犯罪者に仕立て上げられるというものでした。星一の事跡はSF作家で息子の星新一が『人民は弱し　官吏は強し』という作品に描いていますので、記憶にあるのではないでしょうか。

　現在、その渦中の人物となった星一は青山霊園に眠っていますが、生前と同じように後藤の墓所を頻繁に訪れては事業展開について自説をぶっているのではないでしょうか。

　後藤新平が民政局長に就任したとき、台湾に製糖産業の基本となるサトウキビ栽培などの農業技術の指導者として招聘したのが『武士道』を著した新渡戸稲造です。最先端の農業技術を学んだ科学者というだけではなく、同じ奥州（岩手県）の出身という心安さもあったのかもしれません。

この『武士道』ですが、日露戦争における日本軍の規律正しさ、礼儀正しさの原点は何かとセオドア・ルーズベルト大統領に問われた金子堅太郎はこの著作を示したとのことです。

大杉栄と後藤新平の関係

青山霊園の墓所をめぐることで墓石に刻まれた文字や雰囲気から故人の何かをつかみ取ろうと試みるのですが、ふと、墓とはなんぞやと考えるときがあります。墓地・埋葬法という法律の考えからいえば、物理的に焼骨した骨を納める場所でもあるのですが、精神的なものとしては死者と生者との語らいの場、死者がどう生きてきたのか、生者が今後どう生きていけば良いのかを語りかける場所と思います。岩手県花巻市の「宮沢賢治記念館」を訪れた話をしましたが、ここの展示資料の中にエスペラント語に関係した人々として北一輝、出口王仁三郎、大杉栄が紹介されていましたが、死者との語らいの場所と考えれば記念館に展示されるということも一つの墓なのではと思います。なかでも、大杉栄とその妻伊藤野枝《いとうのえ》などは関東大震災の直後、甘粕憲兵隊大尉に扼殺され、骨壷は盗まれる、墓石は庭石に利用されるという散々な目に遭っています。死者も落ち着いて眠ることはできないのではと思うのですが、そんな大杉栄、伊藤野枝の墓といわれるものが福岡市西区今宿の山林にあります。ひとつの自然石であり、名前が刻まれているわけではなく、さらには骨の一片すら入っているわけではなく、はたして墓といえるのかどうかもわかりません。こうなれば自然の彫刻といってもよいものなのかもしれません。大杉栄、伊藤野枝の娘である伊藤ルイの評伝においても墓は単なる岩程度にしか扱われていません。さきほどの精神的な墓を拡大解釈すれば「宮沢賢治記念館」の大杉栄の名前も大杉栄の墓と読み替えることができると思います。

この大杉栄、伊藤野枝の娘である伊藤ルイの名前は大杉栄によってフランスの無政府主義者であるルイズ・ミッシェルにちなんでつけられたそうです。社会主義者の堺利彦の娘とも交際があったとのことですが、それよりも、大杉栄が伊藤野枝の実家でルイのオシメを洗い、野枝も眺めたであろう玄界灘であがったイカの刺身を天下一品と舌鼓を打ったというエピソードに親近感を覚えます。洋の東西を問わず、主義主張の違いはあっても、人間の根本的な営みには塵ひとつの違いも無いと思うのです。

大杉栄といえば、警察組織を管轄する内務大臣であった後藤新平から活動費として当時の金で三百円をもらったことで有名ですが、後藤自身の身内に日本共産党員がいたことから情報を探る意味もあったと思います。後藤の娘婿の弟が日本共産党の創立メンバーである佐野学です。佐野学自身、姻族とはいえ身内に後藤がいるために共産党に送り込まれたスパイなのではと疑われることもあったようですが、このことは後藤にとってもお互いさまだったと思います。後藤自身は世間の風評など意にも介したところがありません。どころか、初対面でありながら無政府主義者の大杉栄に金を渡すほどですから、後藤からすれば朝敵の子と呼ばれた自身の境遇と無政府主義者大杉栄の立場とに共感するものがあったのでしょう。

この大杉栄と後藤新平との人間関係については金の遣り取りだけが強調されるのですが、取りざたされる人物と政府の要職者である後藤とが面会できたことに不思議でしたが、後藤と旧知の杉山茂丸の紹介であり、さらに、その杉山杉丸に相談したのが頭山満だったとわかり、かつて政府から弾圧を受けた玄洋社ですので、相通ずるものがあったのでしょう。さらに、伊藤野枝と頭山満とは遠い親戚でもあるのですが、どちらかといえば、窮鳥を保護するという感覚だったのではと思います。

右翼の源流と左翼とのつながりを信じがたい方も多いと思いますが、夢野久作の秘書を長年務めた紫村一重《しむらかずしげ》などは農民運動から共産党に入党し逮捕投獄されたこともある、いわばバリバリの左翼です。杉山茂丸を父にもつ久作が左翼の人間を秘書に抱えるのかと思われるかもしれませんが、極めれば右も左も紙一重といわれる通り、久作じたいが右翼にも左翼にも捉われない大きな感覚を持っていたと思うのです。このことは頭山満にも杉山茂丸にもいえることなのですが、どうも世間は旗色を鮮明にしなければ気が済まないようです。

右翼の源流が頭山満ならば左翼の源流は中江《なかえ》兆民《ちょうみん》です。この中江兆民の死期が近い時、その枕頭にあったのが頭山ですが、声を発することができない中江は「伊藤（博文）、山縣（有朋）駄目、後の事タノム」と黒板に書いて頭山に示したそうです。ともに仲良く青山霊園に眠る右翼と左翼の源流ですが、頭山のところを訪れては当たり前のようにビールをねだっている中江なのではないでしょうか。

犬養毅、後藤新平の産業立国主義

極めれば、右も左も紙一重と大杉栄、後藤新平のところで述べましたが、それは在野の革命家だけではなく、軍人の世界においても同じです。どちらかといえば、軍人は国権派として右派に属しますが、その革命思想は左派と呼ばれる人々の考えにきわめて近いものを感じます。

昭和維新の歌（青年日本の歌）　作詞作曲・三上卓

汨羅《べきら》の淵に波騒ぎ
巫山《ふざん》の雲は乱れ飛ぶ
混濁《こんだく》の世に我立てば
義憤に燃えて血潮湧く

権門上に傲《おご》れども
国を憂うる誠なし
財閥富を誇れども
社稷《しゃしょく》を思う心なし

この「昭和維新の歌」は昭和七年（一九三二）の五・一五事件で犬養毅首相暗殺犯の三上卓（海軍中尉）が作詞、作曲したものです。今でも時折、黒い街宣車が大音量でこの曲を流しているので、聞き覚えがあるのではないでしょうか。歌詞は十番までありますが、一番、二番の内容からしても世情を嘆き、政府、財閥を批判する内容であることが十二分に理解できると思います。農村は疲弊し、工場労働者は資本家に搾取され、無産階級といわれる人々の生活が困窮しているときのことです。

大正十一年（一九二二）ワシントン軍縮会議　イタリア国際経済会議
昭和四年（一九二九）ニューヨーク株式の暴落と世界的経済恐慌　後藤新平死去
昭和五年（一九三〇）ロンドン軍縮会議による海軍軍備縮小
昭和六年（一九三一）満洲事変
昭和七年（一九三二）満洲国建国宣言
昭和七年（一九三二）五・一五事件　犬養毅死去
昭和八年（一九三三）国際連盟脱退　イギリス国際経済会議

この五・一五事件の前後を見ていくと、日本のみならず世界中のあらゆる国が世界経済の枠組み、体制の中でもがき苦しみ、一国の力ではどうにもならない状態にあることが理解されるのではないでしょうか。閉そく感を伴った世界経済の中で、日本の政党と財閥が結託して国民生活を省みないことを悲嘆した海陸軍将校による実力行使が五・一五事件だったのです。

その世界恐慌のさ中、ジャパン・バッシングの要因、それは欧米を中心とする経済ブロックからの排除を意味するのですが、それが左記のラバーシューズの生産輸出に表われています。

◇ラバーシューズの生産輸出総数の比較

	一九二九年（昭和四）	一九三一年（昭和六）
アメリカ	一三〇〇万足	三二九万足
カナダ	一一六〇万足	四八九万足
フランス	五〇〇万足	二四三万足
イギリス	四〇〇万足	二〇〇万足
ドイツ	五九万足	四三八万足
チェコ	三〇万足	三五〇万足
日本	六九五万足	三四〇〇万足
合計	四一四四万足	五四四九万足

この生産輸出数を比較してみると、わずか二年の間に世界市場が三十パーセントも拡大しているにもかかわらず、アメリカはマイナス七十五パーセント、カナダはマイナス五十八パーセントです。それに比べておよそドイツは七倍、チェコは十一・五倍、日本は五倍という驚異的な成長を遂げているのです。とりわけ日本の場合はおよそ十七パーセントの市場占有率が二年後には六十二パーセントに急拡大しているのですから、困窮する世界の経済界から何らかの標的として見られてもしか

たのない状態だったのです。
このラバーシューズの大躍進の秘訣は
・ゴムの原材料生産地に近く
・労働賃金が安く
・日本人の手先が器用
・気候風土が生産に適している
・支那やインドの巨大市場に近い
という理由があげられるのですが、極東のちょんまげ二本差しの島国であった日本が逆に西洋文明の真髄である科学技術を導入することで世界に脅威を与えてしまったのです。このことは一九七〇年代、日本の自動車や電化製品がアメリカ市場のみならず世界市場を独占していった様とよく似ていると思います。資源の問題に加え技術的な規制、通貨、為替における制限などを次から次に課せられても日本はそれを乗り越えていったのですが、このことは武器を持たない経済という第三の世界大戦であったと思います。

この産業によって世界に伍するという考えは犬養毅、後藤新平の持論であり、産業立国主義という考えで一致していたそうです。産業立国主義は土地が狭く、資源に乏しく、人口増加という社会問題を抱える日本がいかにして生き残るかという考え方ですが、その解決方法として技術革新と科学知識の増進、合わせてコストの削減に努めることといわれています。おもしろいことに、昭和八年（一九三三）のイギリス国際経済会議では昭和六年、七年の満洲事変と満洲国建国の問題よりも、このゴム産業（ラバーシューズ）における日本の一人勝ち状態が問題視され、このことが国際連盟という欧米経済ブロックからの脱退に結びついたのです。

五・一五事件での政府、財閥批判によって政治の刷新が図られるどころか、逆に官僚、軍部、政党による権力の争奪戦が加速され、昭和十一年（一九三六）には二・二六事件という軍事クーデターに発展したのです。この軍事クーデターも戒厳令が敷かれたことによって国際為替の決済ができなくなり、国際経済の停滞を招いてしまいました。日本経済の信用回復のため、内閣としても早急な事件の解決を迫られたというのですから、日本という国の国際社会に占める位置がどれほど急成長していたかが理解できます。ただ、この軍事クーデターが日本国民の政治に対する不満とともにナショナリズムの高まりとなって軍事政権誕生となったのは残念な結果ですが、その軍事政権の脅迫に耐えて終戦の玉音放送を敢行した下村宏（終戦時の国務大臣、情報局総裁）もまたこの青山霊園に眠っているというのも不思議な気がします。

とまれ、日本という資源も何もない国が西洋文明を吸収し、わずか一世紀を経ずして世界経済の真っただ中に進出したことは奇跡にも等しいことです。そこには偉人《ひと》が偉人《ひと》を呼び、偶然という必然が幾つも重なりあった集大成であったといっても過言ではありません。当たり前のことが、当たり前のように進んでいる現代ですが、たまたま青山霊園に足を踏み入れ、そこに眠る人々の墓石を前にした時、それら当然の物事は人類の歴史に奇跡を刻んだタイムカプセルとなったのです。

新装版あとがき

今も、太宰府天満宮の一隅に「定遠館」が遺っている。これは、明治二十七年（一八九四）から始まった日清戦争の清国北洋艦隊戦艦「定遠」の遺物である。この館を立てた小野隆助（衆議院議員、香川県知事、久留米水天宮宮司・真木和泉守の甥）に関心が及び、更に小野隆助が自由民権運動団体・玄洋社の社員であったということから、玄洋社の実態を知りたいと思った。しかし、玄洋社に関する資料は極めて少なく、少しの手がかりでも得たいと思って足を踏み入れたのが東京都心に広がる青山霊園や谷中霊園だった。

霊園から歴史を俯瞰するという手法が面白いと思われたのか、平成二十三年（二〇一一）六月十九日付朝日新聞全国版に、『霊園から見た近代日本』が荒俣宏氏（博物学研究家、小説家）の書評として紹介された。以後、従前の「掃苔《そうたい》」という墓巡りも「墓マイラー」という造語に転化して、著名人の墓を訪ね歩くのがブームとなった。そこから十数年を経て、従来の葬儀の在り方も、コロナ渦もあり「家族葬」という極めて限られた関係性でのものに変化した。この変化は墓碑にも及び、管理者不在の「放置墓」が社会問題となり、やがて、法要を営む子孫の減少から「墓じまい」が増え、共同墓地、共同納骨堂へと転じる家族が増加していった。

社会変化と同時に、『霊園から見た近代日本』は「玄洋社をキーワードに読み解いた」ものだっただけに、玄洋社に対する評価も変わった。大東亜戦争（太平洋戦争）後、GHQによって超国家主義団体として解散を命じられ、「右翼団体」との烙印を押され、日本の「侵略」戦争の先兵を担ったテロ集団との定義付けに変化が生じたのだ。ある意味、墓碑からとはいえ、タブー視された玄洋社にスポットライトを当てた事から起きた変化だった。

この現象は、意外にも、習近平国家副首席（当時）の訪日から始まった。平成二十一年（二〇〇九）十二月、東京で天皇陛下（現・上皇陛下）に拝謁の後、直接に北京に帰らず、福岡市、北九州市を習近平氏は訪問した。この時、習近平氏は北九州市の安川電機を訪ね、そこで孫文が揮毫した「世界平和」の書を目にした。安川電機創業者は安川敬一郎だが、れっきとした玄洋社員として名前が刻まれている。むしろ、習近平氏クラスであれば関係国との歴史を熟知しての訪問であるのは織り込み済み。その余波から、筆者は地場の歴史あるシンクタンクで月に一度、五回シリーズで玄洋社を知る基礎講座の講師を務めることになった。受講される方々は、地元の政官財の重鎮の方々に加え、メディアのトップが四人もいらしたことに、「玄洋社を知りたい」という熱意に、ただただ、驚くしかなかった。

それでも、玄洋社に対する永年の誤解が一挙に氷解するはずもなく、特に明治二十二年（一八八九）の玄洋社の来島恒喜による外相大隈重信襲撃事件に対する批判は根深い。これは大隈の帝国憲法違反を諫止する行動なのだが、事件の背景、以後の経緯について関心が向かないことが原因だ。批判の主には、明治三十九年（一九〇六）の初代玄洋社社長平岡浩太郎の葬儀に際し、大隈が弔辞を詠んでいること、平岡を顕彰する碑に大隈の手跡があることを示すと絶句される。今も、玄洋社についての誤解は丹念に一つ、一つ、取り除いてはいるが、道はなかなか険しいのが現実だ。

そんな中、旧態依然とした日本社会を飛び越え、玄洋社について詳しく知りたいという中国人が増えた。従来、近代中国を建国した孫文を支援した日本人として宮崎滔天、梅屋庄吉は知っていた。しかし、玄洋社はまったく知らなかった、ということからだ。近代中国建国の歴史として玄洋社のことは知っておかなければならないとして中国人が福岡市にやって来る。周囲の日本人に尋ねても分からないので、直接に玄洋社発祥の地福岡、玄洋社墓地参拝となるのだ。あの貪欲な中国人の知識吸収力には驚くばかり。そのうち、日本人は置いてけぼりを食らい、中国人から玄洋社について教えを受ける日が来るのではと懸念する。

変化といえば、令和五年(二〇二三)二月末、『明治四年　久留米藩難事件《くるめはんなん》』(弦書房)を上梓し、恩師である稲元萠先生(福岡大学名誉教授)に早速持参した。「大したものだ、大したものだ」と初めて褒めていただいた。それから間もない四月二十六日、師は九十一歳で逝去された。伝え聞いたところ、机には拙著が置かれ、日々、少しずつ、読み進んでいたようでしたとのこと。今回、新装版の本書について言葉をいただけないのが悔やしい。

令和六年(二〇二四)五月

浦辺　登

〈参考文献〉

『日本史年表・地図』（吉川弘文館、二〇〇七年）
『一億人の昭和史　明治（上・中・下）』（毎日新聞社、一九八一年）
『一億人の昭和史　朝鮮』（毎日新聞社、一九七八年）
『筑前玄洋社』頭山統一（葦書房、一九八八年）
『黙してゆかむ』北川晃二（講談社、一九七五年）
『杉山茂丸伝』堀雅昭（弦書房、二〇〇六年）
『頭山満と玄洋社』読売新聞西部本社（海鳥社、二〇〇二年）
『アジア主義者たちの声（上）』頭山満、犬養毅、杉山茂丸、内田良平（書肆心水、二〇〇八年）
『近代の戦争　一、日清戦争』松下芳男（人物往来社、昭和四十一年）
『博多に強くなろう①②』福岡シティ銀行編（葦書房、平成元年）
『博多北九州に強くなろう』福岡シティ銀行編（葦書房、一九九五年）
『飴と飴売りの文化史』牛島英俊（弦書房、二〇〇九年）
『親日派のための弁明』キム・ワンソプ（草思社、二〇〇二年）
『ある明治人の朝鮮観』上垣外憲一（筑摩書房、一九九六年）
『日本政治史1．幕末維新、明治国家の成立』升味準之輔（東京大学出版会、二〇〇〇年）
『倭館』田代和生（文春新書、平成十四年）
『中原中也と維新の影』堀雅昭（弦書房、二〇〇九年）
『日韓併合の真実』チェ・キホ（ビジネス社、二〇〇三年）
『ふくおか歴史散歩　第五巻』（福岡市、平成八年）
『ふくおか歴史散歩　第六巻』（福岡市、平成十二年）
『ある明治人の記録』石光真人（中公新書、二〇〇二年）
『出口王仁三郎』松本健一（リブロポート、一九八六年）
『禁じられた政治』大森実（講談社文庫、昭和五十六年）
『遥かなる昭和』緒方四十郎（朝日新聞社、二〇〇五年）
『松本清張の「遺言」』原武史（文芸春秋、二〇〇九年）
『昭和精神史』桶谷秀昭（文芸春秋、二〇〇五年）
『海の歌う日』伊藤ルイ（講談社、一九八九年）
『対談昭和史発掘』松本清張（文芸春秋、二〇〇九年）
「満州国」見聞記』ハインリッヒ・シュネー（講談社、二〇〇二年）
『風水先生』荒俣宏（集英社、一九九四年）
『新宗教の風土』小沢浩（岩波新書、一九九七年）
『マンガ　ユング「心の深層」の構造』さかもと未明（講談社、一九九九年）
『霊界からの警告』武田崇元（光文社、昭和六十三年）

『神仙の人出口日出麿』出口斎（講談社、一九八九年）
『日本「霊能者」列伝』（宝島社、二〇〇八年）
『満州メモリー・マップ』小宮清（筑摩書房、一九九〇年）
『中岡慎太郎陸援隊始末記』平尾道雄（中公新書、昭和五十二年）
『謀略の昭和裏面史』黒井文太郎（宝島社、二〇〇六年）
『雷鳴福岡藩』栗田藤平（弦書房、二〇〇四年）
『新人類と宗教』室生忠（三一新書、一九八六年）
『さいふまいり』筑紫豊（西日本新聞社、昭和五十一年）
『菅原道真』坂本太郎（吉川弘文館、平成二年）
『新菅家御伝』味酒安則・村田真理（太宰府天満宮文化研究所、平成十四年）
『神苑石碑巡り』（太宰府天満宮文化研究所、平成十三年）
『太宰府市史　通史編Ⅱ』（太宰府市、平成十六年）
『明治維新と歴史意識』明治維新史学会編（吉川弘文館、二〇〇五年）
『真木保臣』山口宗之（西日本新聞社、平成七年）
『緒方竹虎』渡邊行男（弦書房、二〇〇六年）
『出口王仁三郎』ナンシー・K・ストーカー（原書房、二〇〇九年）
『平田篤胤』田原嗣郎（吉川弘文館、昭和四十六年）
『昭和史の怪物たち』畠山武（文芸春秋、平成十五年）
『評伝宮崎滔天』渡辺京二（書球心津、二〇〇六年）
『昭和史発掘①〜⑨』松本清張（文春文庫、二〇〇五年）
『満州国は日本の植民地ではなかった』黄文雄（ワック出版、二〇〇五年）
『山川健次郎伝』星亮一（平凡社、二〇〇三年）
『近世快人伝』夢野久作（葦書房、一九九五年）
『宮沢賢治農民芸術概論綱要』宮沢賢治（花巻市文化団体協議会、平成二十一年）
『宮沢賢治選抄』宮沢賢治（花巻市文化団体協議会、平成十九年）
『征西従軍日誌』喜多平四郎（講談社学術文庫、二〇〇一年）
『福岡県の歴史散歩』（山川出版社、一九八四年）
『氷川清話』勝海舟（講談社学術文庫、二〇〇七年）
『太宰府天満宮の定遠館』浦辺登（弦書房、二〇〇九年）
『幕末三舟伝』頭山満（国書刊行会、平成十九年）
『筑前名家人物志』森政太郎　編（文献出版、昭和五十四年）
『広田弘毅』服部龍二（中公新書、二〇〇八年）
『パール判事』中島岳志（白水社、二〇〇七年）
『レーリンク判事の東京裁判』B.V.A.レーリンク（新曜社、一九九六年）
『中村屋のボース』中島岳志（白水社、二〇〇五年）
『パール博士の日本無罪論』田中正明（慧文社、昭和六十三年）
『犬養毅の世界』犬養毅、鵜崎熊吉（書肆心水、二〇〇七年）

『侠客の条件』猪野健治（ちくま文庫、二〇〇六年）
『日本の右翼』猪野健治（ちくま文庫、二〇〇七年）
『日本軍閥暗闘史』田中隆吉（中公文庫、昭和六十三年）
『宮崎滔天アジア革命奇譚集』宮崎滔天（書鋒心水、二〇〇六年）
『神々の乱心（上・下）』松本清張（文春文庫、二〇〇八年）
『偏狂者の系譜』松本清張（角川文庫、平成十九年）
『大本襲撃』早瀬圭一（毎日新聞社、二〇〇七年）
『少林寺拳法奥義』宗道臣（東京書店、昭和五十年）
『秘録東京裁判』清瀬一郎（中公文庫、一九八九年）
『大宅壮一エッセンス1怪物と黒幕』大宅壮一（講談社、一九七六年）
『長崎蘭学の巨人』松尾龍之介（弦書房、二〇〇七年）
『幕末の外交官森山栄之助』江越弘人（弦書房、二〇〇八年）
『日本を開く歴史学的想像力』湯浅赳男（新評論、一九九六年）
『俗戦国策』杉山茂丸（書肆心水、二〇〇六年）
『満蒙独立運動』波多野勝（PHP新書、二〇〇一年）
『一握の砂・悲しき玩具』石川啄木（新朝文庫、平成二十年）
『宮沢賢治』（財団法人宮沢賢治記念会、二〇〇三年）
『魔の山』トーマス・マン（新潮文庫、平成十五年）
『迷い鳥』ロビンドロナト・タゴール（風媒社、二〇〇九年）
『世界史のなかの満洲帝国』宮脇淳子（PHP新書、二〇〇六年）
『「超能力」と「気」の謎に挑む』天外伺朗（講談社、一九九五年）
『軍神』山室建徳（中公新書、二〇〇七年）
『エリザベート』塚本哲也（文芸春秋、一九九七年）
『日新戦争従軍秘録』濱本利三郎（清春出版社、昭和四十七年）
『オールド上海阿片事情』山田豪一（亜紀書房、一九九五年）
『横井小楠』徳永洋（新潮新書、二〇〇九年）
『馬賊でみる「満洲」』澁川由里（講談社、二〇〇四年）
『創業者・石橋正二郎』小島直記（新潮文庫、昭和六十一年）
『ラジオの戦争責任』坂本慎一（PHP新書、二〇〇八年）

〈参考資料〉

「都立青山霊園案内」財団法人東京都公園協会青山霊園管理所、平成十九年
「楓園」東洋英和女学院会報誌、二〇〇五年
「ひらけゆく小笠原」小笠原村教育委員会、昭和六十三年
「津屋崎古墳群と沖ノ島祭祀」福岡県宗像市、福津市　平成二十一年
「トキワ松学園　中学校・高等学校（学園案内）」二〇〇八年
「愛知大学東亜同文書院大学記念センター収蔵資料図録」愛知大学、二〇〇五年
「石碑資料」東京都墨田区木母寺

主要人名索引

著者略歴

浦辺　登（うらべ・のぼる）

昭和三十一年（一九五六）、福岡県筑紫野市生まれ。福岡大学ドイツ語学科在学中から雑誌への投稿を行うが、卒業後もサラリーマン生活の傍ら投稿を続ける。インターネットサイトのオンライン書店bk1では「書評の鉄人」の称号を得る。現在日本の近代史を中心に研究している。

著書に『太宰府天満宮の定遠館—遠の朝廷から日清戦争まで』『霊園から見た近代日本』『東京の片隅からみた近代日本』『アジア独立と東京五輪—「ガネホ」とアジア主義』『勝海舟から始まる近代日本』『玄洋社とは何者か』（以上、弦書房）、共著に『権藤成卿の君民共治論』（展転社）『維新秘話福岡』（花乱社）がある。

福岡市西区在住。

公式ホームページ https://www.urabe-noboru.com/

［新装版］霊園《れいえん》から見《み》た近代《きんだい》日本《にほん》

二〇一一年 三 月二〇日初版発行
二〇二四年 七 月二〇日新装版発行

著　者　浦辺《うらべ》　登《のぼる》

発行者　小野静男

発行所　株式会社　弦書房
（〒810・0041）
福岡市中央区大名二—二—四三
ELK大名ビル三〇一
電　話　〇九二・七二六・九八八五
FAX　〇九二・七二六・九八八六

組版・製作　合同会社キヅキブックス
印刷・製本　シナノ書籍印刷株式会社

ISBN978-4-86329-288-8　C0021
JASRAC出1101579-101

◆弦書房の本

玄洋社とは何者か

浦辺登 近代史の穴・玄洋社の素顔に迫る。近代史の重要な局面には必ず玄洋社の活動がある。玄洋社を正確に評価できなければ、近代史の流れを正確につかむことはできない。ＧＨＱによりテロリスト集団とされた玄洋社の実像とは。

２０００円

明治四年 久留米藩難事件

浦辺登 明治初期、全国的な反政府事件の前駆的な事件であったにもかかわらず、細分化され闇に葬られてきたのはなぜか。当時の久留米藩が保持していた軍事力・人脈とそれを支えた人材・思想の先進性を再検討した画期的な一冊。

２０００円

東京の片隅からみた近代日本

浦辺登 日本の「近代化」の中心・東京を歩く。都心に遺された小さな痕跡を手がかりに〈近代〉を読み解く。歴史の表舞台には出てこない土地の片隅にひっそりと息づいている有形無形の文化遺産は何を語るのか。

２０００円

太宰府天満宮の定遠館

遠《とお》の朝廷《みかど》から日清戦争まで

浦辺登 古代の防人、中世の元寇と神風伝説、近世から幕末維新、近代までの太宰府の通史を描き、日清戦争時の清国北洋艦隊の戦艦《定遠》の部材を使って天満宮に建てられた知られざる戦争遺産・定遠館の由来を探る。

１８００円

アジア独立と東京五輪

ガネホとアジア主義

浦辺登 一九六四（昭和39）年東京五輪開幕――この時インドネシアが参加できなかったのはなぜか。欧米主導のオリンピックと対峙してスカルノが主導したもうひとつのオリンピック《ガネホ》とは。「アジア主義」から現代を読み解く。

１８００円

＊表示価格は税別